Hanners Gourmet-ABC

Wenn nicht anders angegeben, sind die Rezepte für 4 Personen.

Ein A la Carte-Kochbuch im D+R Verlag

Herausgeber: Christian Grünwald
Redaktion und Konzept: Uschi Korda
Weinempfehlungen: Harald Wohlgenannt, Michael Prónay (Winzerportraits)
Chefin vom Dienst: Katharina Kunz
Fotos: Manfred Klimek
Grafisches Konzept: Uschka Jeschko
Grafik: Sarka Langer-Dejmalova
Lektorat: Martin Grill, Charlotte Richter

Reproduktion: Repromedia, 1110 Wien
Druck: Wograndl Druck, 7210 Mattersburg, Printed in Austria

Hersteller: D+R Verlag, 1110 Wien, Leberstraße 122
Telefon: +43/1/740 77-0, www.alacarte.at, www.dundr.at

ISBN 3-902469-07-2

EDITION A LA CARTE
im D+R Verlag

Heinz Hanner besiegt die Langeweile

Eines schönen Tages, als Heinz Hanner wieder einmal durch den schönen Wienerwald läuft, auf der Suche nach Erholung, Inspiration und unbekannten Waldkräutern, begegnet er der Langeweile. Sie steht da neben einem alten Himbeerstrauch, der schon lange keine Früchte mehr trägt, und winkt. „Bist du der Hanner Heinz?", sagt die Langeweile zum vorbeilaufenden Hanner, und weil er als Gastgeber seines Restaurants weiß, was sich gehört, bleibt er kurz stehen. „Der bin ich, und wer bist du?", sagt er. Die Langeweile, eine Person, die zu beschreiben jetzt keine gute Idee wäre, weil der Leser sofort einschlafen würde, antwortet: „Schau mich an, ich bin, wie ich aussehe. Ich bin die Langeweile. Und ich würde gerne bei dir in der Küche arbeiten." Da greift Heinz Hanner nach einem Ast, der aussieht, wie die blank polierten Knochen eines Lammkarrees, kurz bevor es in den Ofen geschoben wird, nur ungefähr zehnmal größer, und schlägt die Langeweile nieder. „Ich hasse Langeweile!", ruft er. „Wenn ich etwas nicht mag, dann bist es du. Immer schon warst du mir suspekt." Die Langeweile ist gelangweilt ob seiner Reaktion: Sie kennt diese schon tausendfach. Aber das bringt Heinz Hanner noch mehr in Fahrt. „Ich kenne dich", so er, „du bist für viele Speisekarten verantwortlich, auf denen schon ein Leben lang nichts anderes steht als Carpaccio mit Rucola, Lachstatar und Lamm in der Kräuterkruste. Und Tiramisu in den 80ern. Komm ja nicht in die Nähe meiner Küche. Wag dich nicht an meinen Herd und meine Töpfe." Er haut der Langeweile ein Bein ab. Und setzt seinen Waldlauf fort. Ein paar Tage später. Der Heinz Hanner läuft wieder durch den Wald, auf der Suche nach Fitness und unbekannten Kräutlein, denn die Komposition der Frühlingskarte steht an. Und da steht sie! Die Langeweile, die oft nicht umzubringen ist, steht da auf einer Lichtung und winkt. „Schon wieder du!", ruft der Heinz Hanner und fügt ein paar Kosenamen hinzu, für die der Platz hier nicht reicht. „Nicht schlagen!", ruft die Langeweile. „Ich habe hier etwas für dich. Ein tolles Kraut, mit dem du sicher viele neue Sachen kochen wirst." Die Langeweile hält dem Hanner einen Strauß Kräuselpetersilie hin. „Bist du meschugge?", sagt der Hanner. „Kräuselpetersilie! Das langweiligste Kraut, mit dem sie in den schlechtesten Restaurants ihre Schnitzelteller dekorieren! Das kannst du dir sonst wohin stecken!" Und er reißt einen Baum aus und verdrischt die Langeweile so gründlich, dass ihr Hören und Sehen vergeht. Den Kräuselpetersil aber, den nimmt er mit. Ein paar Tage später. Der Heinz Hanner steht auf seiner Terrasse und liest mit Freude die neue Speisekarte, die ihm und seinen Köchen wieder einmal sehr gut gelungen ist, als die Langeweile aus dem Wald spaziert und an einem der gedeckten Tische Platz nimmt. „Du schon wieder. Dachte, ich hätte dich endgültig ins Ausgedinge befördert." „Haha, mich kannst du nicht wegtun. Die Langeweile kann keiner besiegen. Und ein österreichischer Koch schon gar nicht." Da greift Heinz Hanner diesmal nicht zum Küchenmesser, um der Langeweile wieder einmal den Garaus zu machen, sondern geht in die Küche. Und kommt wieder aus der Küche. „Da nimm das!" Er reicht der Langeweile, dem einzigen Gast an diesem Mittag, einen Teller mit etwas drauf. Die Langeweile kostet und isst auf, weil es ihr so gut schmeckt. „Das habe ich aus deinem langweiligen Kräuselpetersil gemacht, du Nichts!" Worauf die Langeweile zugab, dass sie besiegt war, und nie mehr wieder sich in die Nähe der Küche des Heinz Hanner wagte. Und wenn sie nicht gestorben ist, wagt sie es auch heute noch nicht.

Alexander Rabl

Absinth

Spirituose, die in ihrer ursprünglichen Form das Nervengift Thujon (entstand durch Wermutauszüge) enthielt, das Halluzinationen auslöste. War deshalb etwa bei Künstlern, Dichtern und Schriftstellern – z. B. Paul Gauguin, Paul Baudelaire, Vincent van Gogh, Ernest Hemingway, Oscar Wilde – sehr beliebt, wurde jedoch Anfang des 20. Jahrhunderts verboten. Heute erlebt der Absinthismus auf legale Weise eine Renaissance: Durch strenge Kontrollen wird das Thujon auf unter 10 mg pro Liter beschränkt. Der Rest ist wie gehabt hochprozentiger Alkohol (60 bis 80%), der mit aromatisierten Kräutern (Engelwurz, Kalmuswurzel oder Sternanis) versetzt wird.

Agar-Agar

Geliermittel aus getrockneten Meeresalgen. Kann im Gegensatz zu Gelatine auch Ananas und Kiwis festigen, die beide ein Enzym enthalten, das die tierische Gelatine auflöst.

Algen

Das täglich Brot der Japaner ist seit dem Triumphzug von Sushi & Co. auch in unserer Küche immer öfter für Experimente gut. Die Blätter aus dem Meer werden durch Einweichen und Blanchieren genussfertig gemacht. Bei uns bekannt sind vor allem Kombu (getrocknet, dunkelbraun bis dunkelgrün) und Nori (hauchdünn, getrocknet oder geröstet, grün, rot oder schwarz).

Alginat

Salze der Alginsäure, die aus den Zellwänden von Braunalgen gewonnen wird. Pflanzliches Gelier- und Verdickungsmittel, das vor allem die Farbe und die Konsistenz von Lebensmitteln positiv beeinflusst. Verwendet man zur Herstellung von Liquid Drops.

Alland

Der Ort Alland in der Nähe von Mayerling war früher Sitz der Babenberger und darf sich rühmen, Geburtsort von Friedrich von Österreich zu sein. Die Tropfsteinhöhle kann bereits seit 1928 besichtigt werden, ist 70 Meter lang und 12 Meter tief. Sie gilt unter all den Höhlen des Wienerwaldes als die schönste mit dem reichsten Tropfsteinschmuck. Geöffnet: von April bis Oktober nur an Wochenenden, Juli und August auch an Wochentagen.

Alphart, Karl
Winzer

In der heimischen Weinszene gibt es ganz wenige Winzer, deren Namen mit einer einzigen Rebsorte verknüpft sind: In Feuersbrunn etwa Bernhard Ott („Mister Veltliner"), während in Traiskirchen Karl („Karli") Alphart der unangefochtene Großmeister des Rotgipflers ist. Dieser kommt aus der Lage „Rodauner", die allerdings nicht in Wien-Rodaun, sondern tatsächlich in der Thermenregion liegt. 12 Hektar bewirtschaftet die Familie des diplomierten Ingenieurs. Der Sortenspiegel ist durchaus konventionell: Rotgipfler, Zierfandler, Chardonnay, Riesling und Veltliner sind Klassiker, ebenso wie der ein wenig aus der Mode gekommene Neuburger. In Rot sind es Zweigelt und die Pinotsorten (Blauburgunder, St. Laurent). Den Rotgipfler – den absoluten Liebling des Winzers – gibt's gleich in drei Varianten: als „Klassik", als Lagenwein „Rodauner" und als Krönung die „Rodauner Top Selektion". Lassen wir den Winzer selber zu Wort kommen: „Die schönsten Trauben der besten Lage sind die Grundlage für diesen einzigartigen Wein. Erst nach einem Jahr Fasslagerung auf der Feinhefe (teilweise neues Holz) wird der Wein gefüllt. Er ist dicht, mineralisch und dennoch fein – ein großer Wein, mein persönlicher Liebling: Viel Liebe und Kraft stecken drin. Hohe Lagerfähigkeit." Noch ein Tipp: Wie immer an der Südbahn ist mit dem Weingut ein fantastisch guter Heuriger verbunden. *Wiener Straße 46, 2514 Traiskirchen, Tel.: 02252/523 28, www.alphart.com*

Amuse-Bouche

Wird als kreativer Gratis-Einstieg vor einem Menü serviert. Sehr zur Freude des hungrigen Gastes, der mit diesem „Magenaperitif" in freudige Stimmung versetzt und dabei auch noch überrascht wird. Wird auch oft Amuse-Gueule genannt – korrekt übersetzt heißt „gueule" Kehle und „bouche" Mund, letztere Variante ist definitiv die feinere.
Amuse-Bouche-Variationen, Seite 8

Anchovis

In Salz und dann in Öl eingelegte Sardellen, die auch als Würzmittel eingesetzt werden. Die Qualität hängt vom verwendeten Öl, der Größe der Filets und den verbliebenen Grätenresten ab.

Angelika oder Engelwurz

Aromatische Heil- und Gewürzpflanze, deren sämtliche Bestandteile – von der Wurzel bis zu den Blättern – in der Küche zum Einsatz kommen. Wird wegen der Bitterstoffe gerne für Kräuterliköre verwendet. Wirkung: appetitanregend, krampflösend und nervenstärkend.

Amuse-Bouche
Variationen

Bouillon mit Ei und Brust von der Wachtel

2 Wachteln (à 200 g)
Öl zum Braten
100 g Karotten
100 g Sellerie
1/2 Stange Lauch
7 Schalotten
2 cl weißer Portwein
1/16 l Weißwein
Rosmarin
Thymian
Wacholder
1 Lorbeerblatt
2 cl Madeira
4 Wachteleier
Schnittlauch
Salz, Pfeffer

Die Wachteln ausnehmen und die Brust herunterlösen.
Knochen klein hacken und in einem Topf mit heißem Öl anrösten. Gemüse waschen und in Würfel schneiden, Schalotten schälen und klein schneiden. Sobald die Wachtelkarkassen etwas Farbe angenommen haben, Gemüsewürfel und Schalotten zugeben und mitrösten. Wenn der Röstansatz eine schöne braune Farbe hat, mit Portwein und Weißwein ablöschen und mit Wasser auffüllen. Kräuter und Gewürze zugeben und ca. 1 Stunde auf kleiner Flamme kochen lassen. Die Suppe durch ein Sieb gießen, mit Salz und Madeira abschmecken.
Die ausgelösten Wachtelbrüste mit Salz und Pfeffer würzen, in Butter rosa braten und beiseite stellen. Vor dem Servieren in Streifen schneiden.
Die Wachtelbouillon in Suppenteller füllen, je einen abgeklärten Wachteleidotter und eine in Streifen geschnittene Wachtelbrust hineingeben. Mit frischem Schnittlauch bestreuen.
Selbstverständlich können Sie die ganzen Wachteleier in etwas Essigwasser pochieren und in die Suppe einlegen.

Saure Gänselebermilch mit Gewürzstangerl

FÜR DIE GÄNSELEBERMILCH
50 g Gänseleber, durch ein Sieb gestrichen
100 g Joghurt
4 cl Cognac
4 cl Löwenzahnsirup
2 cl weißer Portwein
Salz, Pfeffer

FÜR DIE GEWÜRZSTANGERLN
200 g Blätterteig
1 Eidotter
2 g Maldonsalz
3 g Haselnusskrokant
2 g Szechuanpfeffer

Ungewohnt, aber reizvoll! Die Gegenspieler: Saures Joghurt trifft süßliche Gänseleber. Eine Herausforderung selbst für den geschulten Gaumen!
Die Gänseleber mit Joghurt, Cognac und Löwenzahnsirup vermischen und mit einem Pürierstab mixen. Durch ein Sieb passieren, mit Salz, Pfeffer und weißem Portwein abschmecken.
Für die Gewürzstangerln Blätterteig ausrollen und mit Eidotter bestreichen. Mit den Gewürzen bestreuen und in ca. 7 x 1 cm lange Streifen schneiden. Im vorgeheizten Backrohr bei 180 °C ca. 8 Minuten lang backen.
Die saure Gänselebermilch in ein hohes Glas füllen, mit einem Tropfen Löwenzahnsirup und einem Gewürzstangerl garnieren.

WEIN 2005 SAUVIGNON BLANC, REPOLUSK, GLANZ AN DER WEINSTRASSE

Krebsencappuccino

12 Krebse
1 Zwiebel, klein geschnitten
1 Stange Lauch, geschnitten
1/2 Sellerieknolle, gewürfelt
Rapsöl zum Braten
1 EL Fenchelsamen
10 Pfefferkörner
2 Lorbeerblätter
1 Msp. Kümmel (ganz)
2 EL Tomatenmark
4 cl Noilly Prat
125 ml Weißwein
2 Paradeiser
80 g kalte Butterwürfel

Die Krebse in heißem Wasser 2 Minuten lang kochen. Dann aus dem Panzer schälen, die Scheren noch 1 Minute nachziehen lassen und anschließend ebenfalls ausbrechen. Krebsenfleisch beiseite stellen und aus den Karkassen folgenden Krebsenfond zubereiten:
Zwiebel, Lauch und Sellerie in etwas Rapsöl anschwitzen.
Mit Fenchelsamen, Pfefferkörnern, Lorbeerblättern und Kümmel würzen und Tomatenmark untermischen. Krebsenkarkassen zugeben und leicht mitrösten, aber so, dass sie keine Farbe annehmen. Mit Noilly Prat ablöschen, mit Weißwein und 2 l Wasser auffüllen. Bei kleiner Hitze 1 Stunde lang leicht köcheln lassen und dabei immer wieder den Schaum abschöpfen. Paradeiser waschen, klein schneiden und nach 30 Minuten zugeben. Krebsenfond abseihen, nochmals aufkochen und auf die Hälfte einreduzieren. Dann mit kalter Butter aufmixen, sodass ein Schaum entsteht. Krebsenschwänze und -scheren in heißen Gläsern verteilen und mit Krebsencappuccino übergießen. Eventuell mit heißem Milchschaum krönen.

Aperitif-Happen

Kleine Unterlage, damit der Alkohol nicht so schnell ins Blut geht und man auch noch ein paar Stunden später einen würdevollen Eindruck macht. (Für Anti-Alkoholiker gibt es jetzt übrigens Sekt ohne Alkohol.) Hanner-Tipps für Aperitif-Happen:

HANNERS SCHINKENBRÖTCHEN

Ein beliebter Klassiker bei Hanner zum Aperitif!

100 g Prosciutto, 100 g Butter, 1 Baguette

Prosciutto und Butter in 1 mm dünne Scheiben schneiden. Abwechselnd Prosciutto und Butter übereinander legen, so dass ein 5 cm hoher Block entsteht. Diesen in Klarsichtfolie wickeln, in den Tiefkühler legen und 30 Minuten lang gut durchkühlen lassen. Dann mit einer Aufschnittmaschine oder einem Messer in dünne Scheiben schneiden.

In der Zwischenzeit das Baguette in hauchdünne Scheiben schneiden und im Backrohr kurz toasten. Herausnehmen, kurz abkühlen lassen und mit den Schinken-Butterscheiben belegen.

BRANDTEIG MIT KRÄUTERFÜLLE

12 g Butter, 25 g Mehl, 1 Ei, 2 EL Crème fraîche, 1 Zweig Petersilie, 4 Halme Schnittlauch, 1 Zweig Basilikum, 1 Zweig Estragon oder je nach Saison auch Kresse, Bärlauch oder Minze, Zitronensaft, Salz und Pfeffer

Für den Brandteig 50 ml Wasser mit Butter und Salz aufkochen, das Mehl einrühren und abbrennen. Leicht abkühlen lassen und das Ei einrühren. Auf Backtrennpapier kleine Rosen spritzen und im Ofen bei 180 °C 15 min backen. Für die Kräuterfülle Crème fraîche mit den fein gehackten Kräutern vermischen, mit Salz, Pfeffer und einigen Tropfen Zitronensaft abschmecken. Anschließend in den aufgeschnittenen Brandteig füllen.

BEEF TATAR VOM ATTEROCHSEN

120 g fein zugeputztes Filet vom Atterochsen (ohne Sehnen), 1/2 EL feinste Schalottenwürfel (kurz blanchiert), 1/2 EL feinwürfelig geschnittene Cornichons (kleine Essiggurkerl), 1 Sardellenfilet, 4 klein gehackte Kapern, 1 Spritzer Tabasco, 1–2 Tropfen Worchestersauce, 2 g Dijonsenf, 1 EL Ketchup, 1 EL fein gehackte Petersilie, 1 Eidotter, 2 Scheiben Tramezzinibrot

Das Ochsenfilet soll vom Metzger ihres Vertrauens und von absolut bester Qualität sein. Das Filet in feine Würfel schneiden und danach fein hacken. Mit den anderen Zutaten sorgfältig vermischen und gut abschmecken. Zur Bindung ein rohes Eigelb einrühren und kühl stellen. Das Beef Tatar auf ein Tramezzinibrot streichen, eine zweite Scheibe darauf geben. In vier gleichmäßige Würfel von 2 x 2 cm Größe schneiden und in Butterschmalz von beiden Seiten kurz anbraten.

Appetit

ist für Jean Anthèlme Brillat-Savarin (französischer Schriftsteller und Philosoph) eine Gottesgabe: „Der Herr hat den Menschen geheißen zu essen um zu leben, er lädt ihn ein durch den Appetit und belohnt ihn durch den Genuss." In die Welt der Sprüche eingegangen ist das Zitat der rumänisch-amerikanischen Schriftstellerin Anita Joachim-Daniel: „Appetit ist die Luxusausgabe des Hungers."

Architektur

Neubau/Sanierung/Landschaftsplanung/Innenraumgestaltung: Der Standort von Heinz Hanners Lokal in Mayerling steht in starkem Kontrast zum städtischen Wien und inspirierte das Team von „pla.net architects" zu einer Architektur, die engstens mit der Landschaft verbunden ist. Eigenschaften des Wienerwaldes galten als Entwurfskriterien und beeinflussten Innenraumgestaltung und Materialauswahl. Dem Kochen als ältester Kunstform wird neben Platz zur Produktion auch Raum zur Aktion gegeben: Für den kreativen Koch und interessierten Gast steht neben der neuen Küche und dem Restaurant ein losgelöster Baukörper für besondere Inszenierungen zur Verfügung. Dazu wurde im Hotel jedes der 28 Zimmer unterschiedlich gestaltet – Gemeinsamkeiten gibt es in der Verwendung von Licht und natürlichen Materialien wie Stein und Holz sowie der charakterlichen Offenheit der Grundrisse. *www.architects-pla.net*

Arganöl

Wird aus den ölhaltigen Samen des marokkanischen Arganbaumes gewonnen, der dem Olivenbaum recht ähnlich ist. Das manuell hergestellte Öl ist selten zu bekommen und daher nicht gerade preisgünstig. Unschlagbar ist jedoch sein positiver Einfluss auf die Gesundheit: Es hat eine ausgewogene Zusammensetzung von Fettsäuren, enthält eine hohe Menge an biologisch aktiven Substanzen und um 80% mehr Antioxidantien und Radikalfänger als Olivenöl. Dadurch werden u. a. geschädigte Zellen regeneriert, Entzündungen abgebaut und der Cholesterinspiegel gesenkt. Eignet sich zum Verfeinern von Meeresfrüchten, Fisch und Geflügel.

Aromen-Labor

Eine Sammlung in Hanners Küche von über 400 Gewürzen, Duft- und Aromastoffen, die ständig erweitert wird. Dient der Küchencrew als Inspiration beim Kreieren neuer Speisen.

Atterochs von LandArt

Wächst auf den klee- und kräuterhaltigen Wiesen rund um den Attersee auf, die für einen unvergleichbar würzigen Geschmack des Fleisches sorgen. Zugefüttert werden heimische Getreide wie Mais, Weizen und Gerste, die den Aufbau intramuskulärer Fettfasern bewirken und das Fleisch besonders saftig machen. Wichtig für das ausgeprägte Aroma des Fleisches vom Atterochsen ist das langsame Wachstum, ein Schlachtalter von über drei Jahren und die Freilandhaltung mit ausreichender Bewegung. *www.landart.at*

Auer, Leopold
Winzer

„Eine Familie bürgt für Qualität" ist das Motto der Auers in Tattendorf im Steinfeld. Seit geraumer Zeit heißt es bereits: Qualität geht vor Quantität, wobei das Terroir des Steinfelds, das sich besonders gut für Rotwein eignet, das Seine zum Gelingen beiträgt. Durch ihre hohe Wärmespeicherfähigkeit tragen die Böden das letzte Quentchen zur kompletten physiologischen Ausreifung der Trauben bei. Schonende Verarbeitung des Traubenmaterials wie auch der Moste und der Weine ist oberstes Gebot. Auf rund 15 Hektar wird vorwiegend Rotwein angebaut: Blauer

Portugieser, Pinot Noir, Zweigelt, Merlot und Cabernet Sauvignon. Die 2003er Cabernet Sauvignon Merlot Reserve schmeckte den A la Carte-Verkostern so gut, dass sie den Wein mit 88 Punkten bewerteten; die 1994er Reserve wurde unter die 200 besten Weine Österreichs in den Weinsalon aufgenommen.
Eine besondere Spezialität des Weinguts Auer ist die Cuvée Noir, eine Cuvée aus St. Laurent, Zweigelt und Cabernet Sauvignon. Besonders empfehlenswert: der Heurige, bei dem alle Weine (aus Riedel-Gläsern!) verkostet werden können.
2523 Tattendorf, Pottendorfer Straße 14
www.tattendorf.at/auer

Aumann, Maria & Leopold
Winzer

Leopold Aumann ist einer der Senkrechtstarter der heimischen Rotweinszene. Seit Mitte der 1990er Jahre macht der junge Winzer aus Tribuswinkel immer wieder auf sich aufmerksam, wobei ein Name immer wieder auffällt: „Harterberg". Den gibt's sowohl als reinsortigen Merlot wie auch als Cuvée, wobei die Weine in beiden Spielarten zu den Toproten des Landes zählen. Sechs Hektar bewirtschaftet Leopold Aumann in Tribuswinkel, Baden und Pfaffstätten. Vier Fünftel davon sind rot: Zweigelt, Cabernet Sauvignon und Merlot. Den Rest teilen sich die weißen Sorten Rotgipfler, Zierfandler, Grüner Veltliner, Riesling, Pinot Blanc, Sauvignon Blanc und Welschriesling. Auch wenn Leopold Aumann eher für seine Roten bekannt ist (ganz ausgezeichnet übrigens sein Pinot Noir!), sollte man die Weißen nicht unterschätzen: der Topwein „Flamming" aus 90% Rotgipfler mit 10% Chardonnay, der hat's gewaltig in sich. Auch hier wieder empfehlenswert: der Topheurige, in diesem Fall in einer etwas moderneren Fassung.
Oberwaltersdorfer Straße 105, 2512 Tribuswinkel
Tel.: 02252/805 02, www.aumann.at

Austern

Heute eine Luxusdelikatesse, im 19. Jahrhundert das Essen armer Leute. Teilt die Menschheit in zwei Gruppen: in die absoluten Fans und in die, die sie abgrundtief verachten. (Letztere bitte einfach weiter unten wieder einsteigen.) Am besten sind sie roh, nur mit Zitronensaft beträufelt, natürlich kann man sie auch garen. Es gibt über 50 verschiedene Arten, grob unterteilt werden sie in: portugiesische (Crassostrea angulata), flache (Ostrea edulis), amerikanische (Crassostrea virginica) und pazifische Austern (Crassostrea gigas). Ihre sorgsame Zucht dauert zwei bis fünf Jahre und gelingt nur an den Felsen flacher Tidengewässer. Kleine Austern aus kälteren Gegenden sind meist aromatischer als die Riesenexemplare aus dem wärmeren Pazifik. Eher nicht der Austernsucht verfallen sollte man in Europa im Sommer, da sich die Muscheln zwischen Mai und August vermehren.

Auszeichnungen

von Heinz Hanner
1996 Trophée Gourmet A la Carte für kreative Küche
1997 Koch des Jahres Gault Millau
2002 Käseambassador
2005 5 Sterne, 97 Punkte A la Carte
3 Hauben, 18 Punkte Gault Millau
1 Stern Guide Michelin
Gastronom des Jahres, Manstein Verlag

Baden bei Wien

Kurstadt im Süden Wiens mit Schwefelthermalquellen, die seit der Antike genutzt werden. Das 36 °C warme Wasser ist die Grundlage der Badener Kur. Dazu ist die kleine Stadt auch so recht hübsch. Die Architekten Carl von Moreau, Josef Kornhäusl und Otto Wagner bauten gerne hier. Und Mozart, Beethoven, Liszt, die Strauß-Familie und Josef Lanner ließen sich von Baden inspirieren. Auch wenn es um Wein geht, hat Baden einiges zu bieten. St. Laurent, Zweigelt und vor allem der Blaue Portugieser erreichen hier eine Kraft und Dichte, wie man sie selten findet.

Baiser

Ein Hauch aus gebackenem Eischnee mit Zucker, der wörtlich aus dem Französischen übersetzt „Kuss" bedeutet. Wird in Frankreich allerdings „Meringue" genannt.

Himbeerbaiser, S. 64; Zitronenbaiser, S. 182

Balsamico, Balsamessig

Für die Balsamico-Herstellung wird der Most der weißen Trebbiano-Traube auf eine dunkelbraune, sirupartige Konsistenz eingekocht und dann über Jahre in Eichenfässern gelagert. Die Fässer stehen auf Dachböden, sind Hitze und Kälte ausgesetzt, wodurch der Essig noch mehr einreduziert wird. Ganz teurer, alter Balsam-Essig reift bis zu 30 Jahre und ist unglaublich aromatisch. Finden Sie eine Flasche mit der Aufschrift **„Aceto Balsamico di Modena"** heißt das gar nichts, denn so kann sich jeder Essig der Welt bezeichnen. Ganz anders sieht es aus, wenn man von einem **„Aceto Balsamico Tradizionale di Modena"** spricht. Dieser ist ein streng überwachtes Produkt, von dem es jährlich nur etwa 100.000 Fläschchen à 100 ml gibt. Es gibt ihn in zwei Qualitäten: über 12 Jahre alt und über 25 Jahre. Billig sind beide nicht, stecken doch 12 bzw. 25 Jahre an Zeit, Arbeit und Geld drinnen. In Österreich ist die Essigkultur in den letzten Jahren stark gestiegen. Wesentlichen Anteil daran haben die Produzenten Alois Gölles aus der Steiermark und der Wiener Erwin Gegenbauer. Beide haben ausgezeichnete Balsam-Essige im Programm.

Bar bei Hanner

Natürlich mit Open End, dazu aber mit Blick in die Küche und einer umfangreichen Sammlung von Grappas aus dem Hause Romano Levi.

Beignets

Eignen sich ausgezeichnet als Hors d'œuvres oder für zwischendurch. Dafür werden Obst, Fleisch oder Meeresfrüchte in Teig ausgebacken und heiß serviert.

Biegler, Othmar
Winzer

Wir erinnern uns noch sehr gut an einen wunderschönen Ausspruch Manfred Bieglers, des Vaters von Othmar: „Ich beneide die Topköche von ganzem Herzen. Sie können jeden Abend neu nachdenken und experimentieren. Wir Winzer haben in unserem ganzen Leben nur 30- oder 40-mal die Gelegenheit, aus einem Jahrgang etwas wirklich Tolles zu machen." Wer in einem so qualitätsbewussten Hause aufwächst, bekommt also das Qualitätsstreben im Weingarten wie im Keller quasi mit der Muttermilch mit. Die

Familie Biegler bewirtschaftet derzeit acht Hektar in den sonnigsten Lagen an den Südosthängen des Anningers. Der Familienbetrieb liegt im Herzen von Gumpoldskirchen. In dem schon im 15. Jahrhundert erwähnten Haus gibt es auch einen urgemütlichen Heurigen. Lassen wir Othmar Biegler selbst zu Wort kommen: „Unsere besondere Liebe gilt neben den gebietstypischen Sorten Rotgipfler und Zierfandler vor allem dem fruchtigen Riesling, der zu den österreichischen Spitzenweinen zählt. Wir arbeiten auch mit Gelbem Muskateller, Sauvignon Blanc und versuchen uns zusätzlich am Grünen Veltliner – mit gutem Erfolg übrigens. Außerdem werden wir in Zukunft dem Rotweinsektor, der bisher ein wenig vernachlässigt worden ist, mehr Aufmerksamkeit widmen."
Wiener Straße 16–18, 2352 Gumpoldskirchen
Tel.: 02252/621 96, www.thermenwinzer.at

Blackberry

Bei Hanner bleiben Sie immer mit der Außenwelt in Verbindung – auch als Seminar-Teilnehmer, da Ihnen Blackberrys gratis zur Verfügung gestellt werden.

Blank, Michael

KUNST BEI HANNER

Jahrgang 1959, lebt und arbeitet in Wien. Der Objektkünstler verwendet neben Stahl, Draht und Steinen auch Gummi, der – in Streifen geschnitten – zu großen Brocken verknüpft wird. In seinen Arbeiten geht es um das Bezwingen materialbedingter Widerstände, um Kraft und Gegenkräfte. Seine abstrakten Tuschzeichnungen auf Leinwand wecken Assoziationen von Meer und Himmel.

Blauburgunder

Siehe Pinot Noir, S. 109

Blauer Portugieser

War einmal das Rotweinrückgrat Österreichs, insbesondere in der Thermenregion, aber auch im Weinviertel, und ist jetzt auf dem Rückzug. Ergibt eher hellfarbige, leichtergewichtige Weine.

Blauer Zweigelt

Österreichs Success-Story beim Rotwein. Eine Züchtung von Dr. Fritz Zweigelt aus Blaufränkisch und St. Laurent aus den 1920er Jahren in Klosterneuburg. Kann bei Ertragsverzicht erstaunlich dichte, kirschfruchtige Weine liefern. Gesuchter Verschnittpartner in Cuvées.

Blaufränkisch

Die autochthone Rotweinsorte schlechthin – in kundiger Winzerhand (und bei reduziertem Ertrag) ist es Österreichs Antwort auf Bordeaux: tieffarbige, langsam reifende Rote von großer Haltbarkeit: Österreichs Bratenwein.

Blinis

Es muss nicht immer Kaviar sein, aber damit werden die kleinen Buchweizenfladen am öftesten belegt. Dabei machen sie auch mit Gemüse gute Figur oder süß als Dessert.
Blinis mit Belugakaviar, S. 18

B BLINIS

Blinis mit Belugakaviar
vom Stickstoff-Grill

Dieses Gericht ist ein kleiner Snack. Das Besondere ist die Anwendung einer modernen Kochtechnik: Bei –195 °C wird auf flüssigem Stickstoff gegrillt!

1 großer mehliger Erdapfel
1/8 l Obers
20 g flüssige Butter
1 Eidotter
Salz
Muskatnuss
flüssiger Stickstoff
50 g Belugakaviar
etwas flüssige dunkle Schokolade für die Garnitur

GERÄTE
1 Syphonflasche (iSi Gourmet Whip)
2 Sahnekapseln
1 gut isoliertes Gefäß, z. B. Sektkübel (Füllmenge mindestens 2 l)
1,5 l flüssiger Stickstoff

Erdapfel kochen, schälen und passieren. Noch warm mit Obers, Butter und Eidotter zu einer glatten Masse verrühren. Mit Salz und Muskatnuss würzen, dann durch ein Sieb streichen. In die iSi-Flasche füllen, 2 Kapseln eindrehen, gut schütteln und für 24 Stunden im Kühlschrank kalt stellen.
Das isoliertes Gefäß mit flüssigem Stickstoff befüllen und eine Grill- oder Aluplatte darauf legen. Nach 10 Minuten ist die Platte so kalt, dass man darauf grillen kann. Mit der iSi-Flasche vier kleine Medaillons aufspritzen. Nach ca. 2 Minuten vorsichtig wenden und fertig frosten. Die Blinis sollten außen knusprig gefrostet sein und innen weich und cremig bleiben. Jedes Blini mit einem Löffelchen Kaviar belegen und mit ein paar Tropfen warmer dunkler Schokolade garnieren.
Auf einer gefrorenen Stein- oder Porzellanplatte schnell servieren.

WEIN SEKT OEIL DE PERDRIX, SCHLOSS HALBTURN
Zart prickelnd, dezente Frucht und leicht cremig

Botrytis
Ein Pilz, der für die Edelfäule bei Weintrauben sorgt. Wichtig bei der Weinproduktion von Auslesen, Beerenauslesen und Trockenbeerenauslesen, da er für einen hohen Anteil an Restzucker sorgt und den Weinen einen angenehmen Botrytiston verpasst. Bei normalen Weißweinen und bei Rotweinen unerwünscht, da er nicht nur die Lagerfähigkeit zerstört, sondern auch die Charakteristik.

Box-Konzept bei Hanner

In einem separaten Raum im Anschluss an das Restaurant wird in Zusammenarbeit mit „Eat Artists" eine neue Form von Kunst und Genuss präsentiert. Maximal sechs Gäste können mit einem Künstler hier zum Abendessen zusammentreffen, der das Menü auch selbst kreiert hat.

Bresse
Französische Region in der Nähe von Lyon, die für das beste Geflügel der Welt berühmt ist. Bresse-Hühner sind AOC geprüft und müssen dafür einiges erfüllen. Sie dürfen nur mit Mais oder Buchweizen gefüttert und müssen frei lebend aufgezogen werden. Kurz vor der Schlachtung wird dem Futter noch Milchpulver beigemengt. Exzellent im Geschmack sind auch die Bresse-Tauben.

Brot
Eines der ältesten und symbolträchtigsten Lebensmittel. Salz und Brot wurden früher als Zeichen der Gastfreundschaft gereicht. Mit Brot und Spielen wurde und wird noch heute Politik gemacht. Ums tägliche Brot wird nicht nur gebetet, es gab auch Aufstände und Revolutionen.
Es waren vermutlich die Ägypter, die um 3000 v. Chr. als erste Weizen kultiviert und gesäuertes Brot gebacken haben. Erst im Mittelalter wurde es auch in Europa Usus. Mittlerweile gibt es eine so große Vielfalt an Broten, dass man sie regional kaum mehr zuordnen kann. Das Brot bei Hanner wurde von Cäcilia Hanner komponiert und wird täglich frisch gebacken.

Cäcilias Brot

Butterbrot
mit Périgord-Trüffel und Maldonsalz

Unser Schinkenbrötchen mit frischer Périgord-Trüffel zum dekadenten Häppchen veredelt. Anstelle der Trüffel auch sehr gut mit hauchdünnen Parmesanscheiben!

1 großes Baguette
125 g ungesalzene Butter von LandArt
125 g Pata Negra (oder Prosciutto)
100 g schwarze Périgord-Trüffel
Maldonsalz

Das Baguette kurz anfrieren und anschließend in hauchdünne Scheiben schneiden. Die Scheiben im Backrohr bei 150 °C leicht rösten.
Butter und Schinken jeweils in ca. 2 mm dicke Scheiben schneiden. Abwechselnd je 10 Scheiben übereinander schichten, in Folie wickeln und im Tiefkühlfach leicht anfrieren.
Trüffel waschen, gut bürsten und in dünne Scheiben schneiden.
Den leicht gefrorenen Butter-Schinken-Block mit der Aufschnittmaschine in dünne Scheiben schneiden. Die gerösteten Baguettescheiben damit belegen, mit Trüffelscheiben und Maldonsalz bestreuen.

Cabernet Sauvignon

DIE Rotweinrebe schlechthin, eine Zufallskreuzung von Cabernet Franc und Sauvignon Blanc. Rückgrat der großen Weine in Médoc und Graves in Bordelais. Tieffarbige, langlebige Weine mit relativ leicht zu erfassenden Cassis-(Ribisel-)Aromen.

Cappuccinobar bei Hanner

Beim Meetingpoint gibt es zu gesunden Snacks zwölf Teesorten für Vormittags- und Nachmittagspausen. Und der Hanner-Espresso – komponiert aus 100% Arabicabohnen der besten Anbauländer der Welt – wirkt Wunder gegen intellektuelle Tiefs.

Carpaccio

Das Original-Carpaccio wurde 1950 in Venedig in „Harry's Bar" vom legendären Giuseppe Cipriani erfunden. Er benannte seine Kreation aus hauchdünnem Rindfleisch mit einer Sauce aus Mayonnaise, Worchestershiresauce, Milch und Zitronensaft nach dem Renaissancemaler Vittore Carpaccio, der wegen seiner brillanten Rot- und Weißtöne geschätzt wurde. Heute steht Carpaccio als Synonym für hauchdünnen Genuss, also auch für Gemüse, Obst und Fisch.

Casaluce/Geiger

KUNST BEI HANNER

Jahrgang unbekannt, geb. in Süditalien, lebt und arbeitet seit 1990 in Baden bei Wien. Der/Die Künstler stellt/en mit Fotos, aktionistischen Malereien und Performances die „Gender-/Geschlechter-/Rollenfrage". Thematisiert wird damit eine Grundbefindlichkeit von „Frausein" – daher auch absichtlich das Spiel mit der Möglichkeit „Casaluce/Geiger" für eine Künstlergruppe zu halten, deren Geschlecht mangels Vornamen nicht verraten wird.

Chacouterie vom LandArt-Schinken

1 Melone, 10 g Karree , 10 g Schinkenspeck von LandArt: 12 Melonenkugerln aus der Melone ausstechen und 1 Tag lang im eigenen Saft marinieren lassen. Melonenkugerln abwechselnd mit Schinken- und Karreespeck umhüllen und in kleinen Schalen anrichten.

Champagner

MÉTHODE TRADITIONNELLE: Dabei wird Schaumwein durch eine zweite Gärung in der Flasche hergestellt. Wird auf der ganzen Welt praktiziert, aber nur Schaumwein aus der Champagne darf sich auch Champagner nennen.

ÖFFNEN: Ein leises Plopp gefolgt von einem leichten Zischen – so wird Champagner geöffnet. Falls er dann nicht im Glas perlt, kann das drei Gründe haben: a) der Champagner ist nicht in Ordnung, b) minimale Spülmittelreste im Glas haben den Perlen den Garaus gemacht, c) das Glas hat keinen Moussierpunkt eingeschliffen, d. h. der Boden der Innenseite ist nicht aufgeraut.

Chardonnay

Liebkind der Winzer (problemlos im Weingarten), Kellermeister (problemlos im Keller) und der Konsumenten (wie der weltweite Absatz zeigt). Weiche, freundliche Weine mit zarter Vanillearomatik, die auch gut den Ausbau im Holzgebinde vertragen.

Chiffonade
Nimmt man die wörtliche Übersetzung aus dem Französischen, will man die Chiffonade, sprich den Fetzen, kaum auf seinem Teller finden. Im Küchensprech werden damit feiner Weise ganz dünne Salatstreifen bezeichnet, die man als Suppeneinlage oder zur Garnitur verwendet.

Chilischoten
Es gibt über 100 Sorten in ca. 120 Schärfegraden, die in Scoville-Einheiten angegeben werden. Damit wird das im Chili enthaltene Capsaicin gemessen, das für die betörende Betäubung verantwortlich ist, die jedenfalls nichts für empfindliche Gaumen ist. Beim berühmt-berüchtigten mexikanischen Habanero-Chili kann es sogar zu verbrennungsähnlichen Irritationen kommen. Linderung schaffen Öl, Alkohol, Reis oder Brot, auf keinen Fall Wasser, das das Capsaicin auf den Mundschleimhäuten verteilt.

Chinesischer Knoblauch
Ist eng mit dem Schnittlauch verwandt und hat breite, kantige Blätter, die zwar nach Knoblauch schmecken, aber nicht danach riechen. Auch die Knolle schaut nicht dem herkömmlichen Knoblauch ähnlich, sondern eher einer Zwiebel.

Chocostretto
Heiße Schokolade-Kreationen aus hochwertigem Kakaopulver oder Schokoladen, die pur oder aromatisiert bei Hanner wie ein Espresso nach dem Essen angeboten werden.

Computersystem
Heinz Hanner und Brigitte Lashofer kreierten eine neue Logistik im Küchen- und Serviceablauf, die es mittels Computersystem ermöglicht, jedem Gast im 20-Minuten-Takt einen Gang auf den Tisch zu stellen.

Concassé
Kommt in der Küche hauptsächlich als Tomatenconcassé vor. Dafür werden Tomaten kurz ins kochende Wasser getaucht, kalt abgeschreckt und dann enthäutet. Anschließend werden sie geviertelt, entkernt und in kleine Würfel geschnitten.

Confit
Eigentlich eine Konservierungsmethode für Geflügel, aber eine, die besonders gut schmeckt. Schenkel und Flügel ziehen gut gewürzt und gekühlt 24 Stunden lang durch und werden dann im eigenen Fett gebraten. Danach werden sie wieder im eigenen Fett eingelegt und zugedeckt. Dadurch halten sie gekühlt besonders lange. Vor dem Servieren wird das Confit nochmals erwärmt.

Consommé
Konzentrierte Rindsuppe, bei der das Verhältnis von Wasser und Fleisch ca. 3 : 1 beträgt statt 5 : 1 wie bei der herkömmlichen Suppe. Consommé wird auch sorgfältiger entfettet.

Croustillantes
Knusprig Gebratenes oder hauchdünne knusprige Scheiben z. B. von Fisch, Fleisch, Gemüse oder Teigen.

C CRÊPES

Crêpes Suzette
mit rosa Grapefruit und Vanilleeis

Diese Crêpes sind nicht wirklich kreativ, sondern der Urgeschmack edelster Palatschinken. Um ein vollkommenes Gaumenerlebnis zu erzielen, sollten die Crêpes wirklich hauchdünn sein.

FÜR DAS VANILLEEIS
125 g Obers
125 g Milch
60 g Kristallzucker
Mark von 2 Vanilleschoten
3 Eidotter

FÜR DEN CRÊPETEIG
100 g glattes Mehl
1/4 l Milch
10 g braune Butter
2 Eier
Prise Salz
Prise Zucker
50 g Butterschmalz zum Backen

FÜR DIE SAUCE
2 rosa Grapefruits
100 g Kristallzucker
100 g Butter
Zesten von 1 Zitrone (Streifen mit einem Zestenschneider von der Schale ohne weißer Innenhaut geschnitten)
Zestenstreifen von 1 Orange
100 ml rosa Grapefruitsaft
2 cl Cognac zum Flambieren
1 Vanilleschote (vorzugsweise aus Tahiti)
2 cl Cointreau

Für das Vanilleeis Obers, Milch, Zucker und Vanillemark aufkochen und 1 Stunde lang ziehen lassen. Eidotter zugeben und über einem Wasserbad zur Rose abziehen. Die Vanillemasse in eine Eismaschine füllen und gefrieren lassen.
Aus Mehl, Milch, brauner Butter und den Eiern einen glatten Crêpeteig zubereiten. Mit je einer Prise Salz und Zucker abschmecken und 1 Stunde rasten lassen.
Für die Sauce Grapefruits schälen und Filets schneiden. (Am besten schneidet man mit einem kleinen Messer links und rechts neben dem dünnen, weißen Trennhäutchen die Filets heraus.)
Zucker mit Butter auf kleiner Flamme langsam zu einem hellen Karamell schmelzen. Grapefruitfilets, Orangen- und Zitronenzesten zugeben, mit rosa Grapefruitsaft aufgießen und mit Cognac flambieren. Vanilleschote einlegen, auf die Hälfte reduzieren und mit Cointreau parfümieren.
Aus dem Teig 12 hauchdünne Crêpes backen. Jede Crêpe zu einem Dreieck falten und in die Grapefruitsauce legen. Je drei Crêpes symmetrisch auf einem Teller anrichten. Die Grapefruitfilets aus der Sauce heben, auf den Crêpes verteilen und mit Sauce begießen. Das Vanilleeis extra dazu servieren.

WEIN 2004 MERLOT EISWEIN, REINISCH, TATTENDORF
Zarter Duft nach Erdbeeren, elegante Süße

D DÄMPFEN

Dämpfen

Dämpfen ist eine Garmethode, die besonders schonend ist.

Dankeschön

Den Erfolg des Hanner machen erst die Mitunternehmer des Betriebes möglich. Daher an dieser Stelle zunächst ein „Dankeschön" an alle aktuellen Mitarbeiter: Claudia Bernold, Isabella Buryan, Alexandra Ebeleseder, Marco Franzelin, Wilhelm Frühwirth, Bettina Fuchs, Wolfgang Gierlinger, Christoph Hammerschmid, Dominik Hayduck, Andreas Hettegger, Alexandra Huber, Peter Kruppbauer, Hana Maierova, Sabrina Pilz, Stefan Polleroß, Dominik Pongracic, Gerlinde Rehberger, Jaqueline Reiter, Christian Schagerl, Franz Schladitz, Thomas Schnabel, Florian Schnabl, Benjamin Starek, Christian Uitz, Doris Ulm, Stefan Vobr und Harald Wohlgenannt.
Darüber hinaus haben in den letzten 35 Jahren viele Mitarbeiter mit ihrer außerordentlichen Leistungs- und Einsatzbereitschaft am Aufbau des Hanner mitgewirkt. Und zu guter Letzt gilt unser Dank auch all den Gästen, die dem Hanner seit Jahren treu sind und immer wieder zum Genießen vorbeikommen.

Dekantieren

Vorgang, bei dem Wein aus der Flasche vorsichtig in eine Karaffe umgefüllt wird. Damit soll erstens verhindert werden, dass das Depot ins Glas gelangt, und zweitens soll der Wein durch den Luftkontakt ausdrucksstärker werden. Alte Weine mit wenig Gerbsäure quittieren den Sauerstoffschock allerdings mit diffuser Flauheit und sollten ganz vorsichtig umgefüllt werden. In der Regel gibt man den meisten Weinen, die man nicht kennt, 30 Minuten für die Belüftung. Ausnahmen sind piemontesische Methusalems, die erst nach etwa acht Stunden zögerlich ihr Geschmacksbild offenbaren. Dekantieren lohnt sich übrigens nicht nur bei Rotweinen, auch mächtige Weißweine vertragen durchaus etwas Luft.

Delikatesse

Gibt es seit dem 16. Jahrhundert in unserem Sprachgebrauch als Bezeichnung für erlesene Dinge, die den Lebensgenuss erhöhen. Kommt ursprünglich vom französischen „délicat", was soviel wie „fein" oder „zart" bedeutet, und bezog sich auf den Einfluss der französischen Kultur, die man damals besonders schätzte. Heute werden damit ausschließlich Speisen und Getränke geadelt. Und selbst diese sind Trends unterworfen. So firmieren Steinpilze und Eierschwammerln jetzt als Delikatesse, während sie früher als Arme-Leute-Essen kaum beachtet wurden.

Designflasche

Das Restaurant Hanner gleicht einem Gesamtkunstwerk. Das Ambiente des Lokals liefert den passenden Rahmen für die feine Küche voller Inspiration und Innovation. Wertvolle Hölzer, Naturstein und stilvolle Farben zitieren die das Haus umgebende Wienerwald-Landschaft. Nichts stört das harmonische Ganze. Jede Gabel, jeder Salzstreuer und jede Serviette sind aufeinander abgestimmt – abgerundet wird das Bild durch die kunstvoll angerichteten Speisen.
Den perfekten Beitrag für die Symbiose aus Natur und Design bildet die elegante Designflasche von Römerquelle in Karaffenform. Denn auch wenn es verblüffend klingt, der Genusswert kann durch ästhetisch schöne

Gegenstände und eigenständiges Design deutlich gesteigert werden. Schließlich genießen wir mit allen Sinnen und nicht nur mit dem Gaumen. Gerade das Auge ist für ein kulinarisches Erlebnis von enormer Wichtigkeit. Natürlich kommt es aber auch darauf an, welchen Inhalt das Designobjekt in sich birgt. Bei der neuen Karaffe paart sich Formvollendung mit einem der ältesten, wertvollsten und besten Naturschätze – der Römerquelle. So unberührt wie ihr Inhalt präsentiert sich auch die Flasche, einfach, geradlinig, ohne Wellen und Schnörksel. Unverwechselbar im Aussehen, innovativ und zugleich zeitlos elegant.
Das international bekannte Designduo Thomas Mick und Stephan Vary schuf ein alle Sinne belebendes Objekt, das zusätzlich mit Funktionalität punktet. So lässt sich das Premiumwasser durch den Weithalsverschluss leicht eingießen, die Wiederverschließbarkeit garantiert Frische. Der klassische Römerkopf ist natürlich erhalten geblieben. Der dunkle Grünton wich einem erfrischend hellen Grün, das gut zum belebenden Wasser passt und den Inhalt leicht erkennen lässt. Mit den edlen Etiketten hat man überdies eine einfache Unterscheidung der verschiedenen Mineralwassersorten geschaffen: Grün steht für Römerquelle mit Kohlensäure, Blau für Römerquelle mit wenig Kohlensäure und Rot für Römerquelle ohne Kohlensäure. Neben diesen drei Varianten gibt es in der Gastronomie auch bereits drei Römerquelle Emotion-Sorten in den Geschmacksrichtungen Birne/Melisse, Lemongrass und Marula in den neuen, Aufsehen erregenden Glasflaschen. Die neue Römerquelle-Karaffe besitzt Eigenständigkeit, Charakter und macht sowohl auf einem luxuriös gedeckten Tisch als auch an einer Bar eine gute Figur. Zu einer erlesenen Tischkultur gehört ab nun auch Mineralwasserkultur in seiner höchsten Form.

Dirndln

Wildobst, das auf Sträuchern wächst; wird auch Kornelkirsche, Herlitze oder Dürlitze genannt. Die kleinen roten Früchte eignen sich als Beilage für Wild *(Karree vom Rehrücken mit Dirndln heiß geliert, S. 88)*, für Marmeladen und werden auch zum heiß begehrten Dirndlbrand verarbeitet.

Egelseer Waldschwein

Wächst auf dem Holzberggut der Firma LandArt auf, wobei ihm fürs Glücklichsein Wald, Weide, Suhlmöglichkeiten und ein Topinamburfeld zur Verfügung stehen. Für das Egelseer Waldschwein wurden die zwei alten Rassen, das Mangalitza-Schwein und das Schwäbisch-Haller Schwein, gekreuzt. Daraus entstand eine robuste, langsam wachsende Schweinerasse, die ein sehr aromatisches und schön marmoriertes Fleisch liefert. Die Qualität ist so überzeugend, dass das Egelseer Waldschwein von manchen auch als „Kobe-Schwein" bezeichnet wird.

Goder vom Egelseer Waldschwein, S. 56

Ei

● CODE

Laut EU muss jedes einzelne Ei gekennzeichnet werden. Dafür gelten folgende Codes:

1. Haltungssystem

0 = Ökologische Erzeugung
1 = Freilandhaltung
2 = Bodenhaltung
3 = Käfighaltung

2. Land

AT = Österreich
BE = Belgien
DE = Deutschland
NL = Niederlande etc.

3. Betriebs- bzw. Stallnummer

Beispiel: Lautet der Code auf dem Ei 2-AT-1234567, stammt das Ei aus Bodenhaltung und kommt aus Österreich. Die Zahlenkombination steht für den Betrieb bzw. Stall.

● FRISCHETEST FÜR EIER

Schwimm-Test: Man legt das Ei in eine Schüssel mit Wasser. Frische Eier gehen unter, ältere stellen sich auf und steigen an die Oberfläche. Der Grund: Die in der Schale eingeschlossene Luftkammer ist bei älteren Eiern viel größer.

Aufschlagtest: Bei frischen Eiern wirken Dotter und Eiklar hoch gewölbt. Bei älteren ist der Dotter flach und das Eiklar fließt auseinander.

● GEWICHTSKLASSE für Hühnereier, die auf der Verpackung angegeben sein muss:

bis zu 52 g = S (klein)
53 g bis 62 g = M (mittel)
63 g bis 72 g = L (groß)
ab 73 g = XL (sehr groß)

Übrigens: Ein Straußenei wiegt im Vergleich ca. 1,5 kg und ein Wachtelei maximal 12 g.

● VOM WILDHUHN

Das Ei vom Wildhuhn verblüfft zunächst durch seine grüne Schale, die es von der Natur als Tarnung und zum Schutz vor Räubern mitbekommen hat. Als Delikatesse wird es wegen des besonders gelben Dotters geschätzt.

Eis

Der kühle Genuss wurde vor 3.000 Jahren von den Chinesen erfunden. Erst im 13. Jahrhundert wurde die Kunst des Herunterkühlens von Fruchtsirup auch im Westen populär. Als Überbringer der erfrischenden Rezeptur gilt Marco Polo, der sie bei einer seiner Reisen einsammelte. Die Italiener verbreiteten das Wassereis in Paris und London, wo findige Dessertmacher es mit Rahm, Milch und Eiern verfeinerten.

- GRANITÉ Eis aus Fruchtsaft, zumeist mit Alkohol versetzt, das beim Frieren lockere Eiskristalle bildet
- PARFAIT Besonders feine Eiscreme, die mit Obers und Eischnee zubereitet wird
- SORBET Halbgefrorenes aus Eischnee und Läuterzucker. Beim Zusatz für die Geschmacksnoten sind der Fantasie kaum Grenzen gesetzt, vom Champagner über Früchte, Gemüse bis zu Kräutern ist alles möglich. Wird in der Spitzengastronomie gerne zwischendurch serviert, um den Magen zu entspannen.

Ella

Geboren 1999, englische Gordon-Setter-Hündin und Hüterin des Hanner-Anwesens. Liebt die Gäste mit nobler Zurückhaltung und bettelt nicht. Vermutlich, weil sie das in dieser Umgebung gar nicht nötig hat.

Emulgatoren

Sorgen für den nötigen Zusammenhalt zweier Substanzen, die in Wahrheit nicht miteinander können. Emulgatoren sind Bindemittel, die es ermöglichen, Flüssigkeiten, die eigentlich nicht vermischbar sind wie z. B. Wasser und Öl, in eine Emulsion zu verwandeln. Die bekanntesten Emulgatoren sind die Lezithine, die auf natürliche Weise aus Sojaöl oder synthetisch hergestellt werden.

Ente

Die meisten Enten sind Abkömmlinge der amerikanischen Zuchtrichtung der Pekingente. Diese ist tatsächlich eine Rasse und nicht nur ein beliebtes chinesisches Gericht. Weit verbreitet ist die Barbarieente, eine Kreuzung zwischen einem Flugentenweibchen und einem wilden Erpel. Falls Sie sich jetzt fragen, ob Flugenten fliegen können, lautet die Antwort: Vielleicht, wenn man sie lässt, aber dafür werden sie nicht gezüchtet. Flug- und Barbarieenten unterscheiden sich von der Hausente durch ihr dunkleres und aromatischeres Fleisch, dazu sind sie fettärmer. Kulinarisch gesehen ist die Brust das Beste am Tier und die Entenleber steht der berühmteren Gänseleber geschmacklich um nichts nach.

Entenleber
mit Marillentarte und Salzmandeln

Avancierte bei Hanner unvermeidlich zum Klassiker, die Vorspeise, die allen schmeckt! Für Mutige in einem Menü auch nach dem Fleischgang als Vordessert zu servieren. Und Sie wissen ja: Wer wagt, gewinnt!

500 g Entenleber
1 Schuss Portwein
1 EL brauner Zucker
1 Schuss Madeira
1 Rolle Blätterteig
500 g Marillen
300 g Zucker
5 Gewürznelken
1/2 Zimtstange
250 g Joghurt
250 g Topfen
4 Eiklar
Salz, Pfeffer

FÜR DIE SALZMANDELN
3–4 EL Zucker
250 g Mandeln
2 EL Meersalz

FÜR DIE GARNITUR
1/4 l Portweinreduktion

Entenleber putzen, salzen und pfeffern. Portwein, braunen Zucker und Madeira vermischen und die Entenleber damit marinieren. In eine Form legen und in den Kühlschrank stellen. Blätterteig aufrollen, auf ein Blech legen, beschweren und backen.
Marillen waschen und entkernen. In einem Topf mit 150 g Zucker, Gewürznelken und Zimtstange zu einem Marillenröster verkochen. Diesen auf dem Blätterteig verteilen. Joghurt mit Topfen gut verrühren. Eiklar zunächst mit 50 g Zucker zu einem festen Schnee schlagen. Dann die restlichen 100 g Zucker zugeben und noch 5 Minuten lang mit dem Handmixer zu einer Meringuemasse schlagen. Diese mit der Topfenmasse vermischen und einen Teil davon auf den Marillenröster streichen. Entenleber aus dem Kühlschrank nehmen, in Scheiben schneiden und die Marillentarte damit bedecken.
Für die Salzmandeln in einer Pfanne Zucker erhitzen und die Mandeln darin karamellisieren. Herausnehmen, auf Backpapier legen und sofort mit Meersalz bestreuen.
Mit der Portweinreduktion auf einem Teller ein Dreieck zeichnen und in der Mitte die Salzmandeln platzieren. Entenleber-Marillentarte mit der restlichen Meringuemasse bestreichen und mit einem Bunsenbrenner flämmen. In Quadrate teilen und diese auf die Salzmandeln setzen.

WEIN 2004 RIESLINGAUSLESE, REINISCH – JOHANNESHOF, TATTENDORF
Zarter Duft nach Birnen, Steinobst, Honig und Blüten, sehr elegant, mit frischem Abgang

Entrecôte

Heißt soviel wie „zwischen der Rippe" und wird aus dem Rippenstück des Rindes geschnitten. Die Amerikaner sagen Rib Steak dazu. Da es fein mit Fett marmoriert ist, ist es besonders saftig.

Erfolg ...

... ist, wenn man zwischen dem Aufstehen und dem Schlafengehen machen darf und kann, was einem am meisten Spaß macht. *(frei nach Bob Dylan)*

Espresso

Der einzig wahre Espresso hat eine natürliche Crema, also einen hellbraunen Schaum, der nur durch Wasserdampfdruck einer Espressomaschine entsteht. Für alle, die es genau wissen möchten: Der ideale Druck einer Espressomaschine ist 9 bar. Die zum Teil bereits kultigen Maschinen wurden in den dreißiger Jahren in Italien aus der Not heraus erfunden. Unter Mussolini war es nur erlaubt, Kaffee aus Abessinien zu beziehen, der sich jedoch durch zu hohe Gerbsäure auszeichnete. Dieser Makel konnte nicht zur Gänze weggeröstet werden, man musste ihm auch noch mittels Dampfmilderung beikommen.

Espuma

„Espuma" kommt aus dem Spanischen und bedeutet „Schaum". Espuma bedeutet aber auch köstliche Pürees, feinste Coulis, exzellente Cremen, delikate Extrakte oder schmackhafte Saucen, die sich als leichter und luftiger Schaum präsentieren. Die ausgereifte Weiterentwicklung des beliebten Soda- und Schlagoberspenders aus dem Hause „iSi" revolutioniert seit einigen Jahren die Küchen der Welt. „iSi Gourmet

Whip" und der „iSi Thermo Whip" wurden mittlerweile zum unverzichtbaren und universellen Arbeitsgerät der Profis. Doch was ist das Besondere daran? Espumas ermöglichen spannende Neukreationen, sind außerordentlich wandlungsfähig was Konsistenz und Geschmack betrifft, erhalten das natürliche Aroma der Grundzutaten und sind außerdem sowohl für den Gaumen als auch das Auge ein wahrer Leckerbissen. Das Konzept der Espumas basiert auf der traditionellen Zubereitungstechnik einer Mousse. Obst, Gemüse, Fleisch, Fisch, Meeresfrüchte, Milchprodukte, Säfte

und vieles mehr lassen sich durch die innovativen Profi-Geräte von iSi zu köstlichen Aperitifs, Amuse-Bouches, Vorspeisen, Suppen, Saucen, Beilagen, Garnituren, Zwischengängen, Cocktails oder Nachspeisen zaubern. Ob fest wie eine Mousse, halbfest wie eine Creme oder flüssig wie eine Suppe, ist von der Zusammensetzung und der Ruhezeit abhängig. Das heißt, ob Fisch oder Fleisch, Frucht oder Gemüse – ein und derselbe Espuma kann, je nachdem wie viel oder wenig Gelatine, Fett, Eiklar oder Stärke beigemengt wurde und wie lange er gekühlt wurde, zur Suppe, zum Fingerfood oder zur Beilage werden.
Und auch wenn etwas Gelatine, Fett, Eiklar oder Stärke notwendig sind, um Lebensmittel zu lockeren Espumas werden zu lassen, so benötigt man doch nur einen Bruchteil davon, was für eine herkömmliche Mousse notwendig ist. Das heißt also, umso weniger Zutaten, desto besser und unverfälschter kommt der Geschmack des Grundproduktes zur Geltung. Außerdem bleiben bei Früchten und Gemüsen Vitamine, Mineralstoffe sowie die natürliche Farbe erhalten. Espumas sind also gesund, frisch – da rasch à la minute gearbeitet werden kann – und zudem auch noch ökonomisch: Denn die neue Technik ermöglicht mehr Portionen und längere Haltbarkeit.
So verblüffend das Ergebnis der Espumas ist, so einfach ist ihre Zubereitung. Aus den bereits oben genannten Zutaten wird erst Püree, Coulis, Saft, Extrakt oder eine Suppe hergestellt. Diese wird anschließend durch ein Sieb gestrichen, die eingeweichte Gelatine in einem Teil der Masse aufgelöst und auf 60 °C erwärmt. Dann mischt man die restliche Masse unter und lässt sie, je nach Rezept, abkühlen. Danach den „iSi Gourmet Whip" oder „iSi Thermo Whip" befüllen, zuerst den Kopf und anschließend die Kapseln aufschrauben und alles kurz schütteln. Nun wandert der Whip für mindestens vier Stunden liegend in den Kühlschrank – dann sind der eigenen Kreativität beinahe keine Grenzen gesetzt. Ob Lachsmousse, Roquefortsauce, Weinchaudeau oder Cappuccino-Dessert – Espuma ist immer ein Erlebnis.

Essig

Siehe Balsamico, S. 14

Estragon

Typisches Kräutlein der französischen Küche, kommt jedoch ursprünglich aus Russland. Estragon welkt nach dem Abzupfen sehr rasch und hält auch im Kühlschrank nicht sehr lange. Dient in der Küche zum Verfeinern von weißen Saucen. Angeblich kann man damit auch Schlangenbisse behandeln.

Estragonmousseline, S. 144

Extra vergine

Qualitätsbezeichnung für bestes Olivenöl. Öle, die mit diesem Prädikat versehen sind, stammen aus der ersten Pressung und sind daher besonders rein und quasi „jungfräulich".

Feigentarte
mit Balsamicoreduktion

Frische violette Feigen, Paradeiser und Blätterteig harmonieren miteinander so gut, als hätten sie schon die alten Römer so gebacken. Na, wer weiß? Schnell, leicht und köstlich!

1 fertiger Blätterteig
6 EL Zucker
20 g Butter
4 Paradeiser, geschält und gewürfelt
Prise Kardamom, gemahlen
Prise Vanillezucker
$^1/_4$ l Balsamico
4 Feigen
Staubzucker zum Bestreuen

Den Blätterteig gemäß Packungsanweisung backen. Butter und 2 EL Zucker karamellisieren. Paradeiserwürfel zugeben, mit Kardamom und Vanillezucker würzen. Balsamico mit 4 EL Zucker langsam auf $^1/_{16}$ l einkochen. Blätterteig mit Paradeisern bestreichen und mit den in Scheiben geschnittenen Feigen belegen, mit Staubzucker bestreuen.
Feigentarte kurz im Rohr erhitzen, anschließend mit der Balsamicoreduktion servieren. Dazu passt sehr gut Zimteis.

WEIN 1969 TRAMINER BEERENAUSLESE, SCHLOSS HALBTURN, HALBTURN
Duft nach Dörrobst,Malz und Karamell, zart würziges Finish

Feige

Glück und Wohlstand, sagen die Nordafrikaner, bringt ein Feigenbaum. Begehrt ist seine Frucht, die botanisch gesehen nur eine Scheinfrucht, genauer gesagt ein Steinfruchtverband, ist. Egal, eine Feige ist optisch attraktiv, eine Energiebombe (100 g haben ca. 260 kcal) und schmeckt gut. Es gibt unzählige Feigensorten in verschiedensten Farben, als Faustregel gilt: je dunkler die Schale, umso saftiger und süßer die Früchte.
Feigentarte, S. 34

Feinschmecker

„Die Tiere fressen, der Mensch isst, und nur der Mann des Geistes versteht es, das Essen zu genießen."
Jean-Anthelme Brillat-Savarin, 1755–1826

Fenchel

PROFESSIONELL UND SCHNELL PUTZEN: Fenchel vierteln und unschöne Deckblätter abziehen. Von den Schnittstellen ausgehend mit einem kleinen Messer die Fäden abziehen. Wichtig: Je kleiner die Knolle ist, umso eher kann man sich diesen Arbeitsgang ersparen. In jedem Fall muss man dann aus den geviertelten Knollen den harten Kegel keilförmig herausschneiden. Das zarte Fenchelgrün am besten für die Dekoration beiseite legen.

Fischer, Christian
Winzer

Die Winzerfamilie Fischer ist in Sooß zuhause, jener Gemeinde in der Thermenregion, die (wie Tattendorf) eindeutig – und auch historisch weit ins 19. Jahrhundert zurück – vom Rotwein geprägt ist, während Gumpoldskirchen und Traiskirchen traditionell weißweinlastig sind. Bei den Fischers geben sich Tradition (das Haus ist seit 1662 im Familienbesitz) und Moderne (die Kellerwirtschaft ist auf dem letzten Stand der Technik) einträchtig die Hand. Seniorchef Engelbert ist Bürgermeister von Sooß, Seniorchefin Erika wiederum ist weit über die Grenzen der Gemeinde für ihr Beuschel bekannt. Als Winzer spielen sie gleich doppelt in der Oberliga mit, sowohl beim Wein (Christian Fischer: „Unser Schwerpunkt liegt in der Produktion von gehaltvollen, vielschichtigen Rotweinen mit einer harmonischen Tanninstruktur und Reifepotenzial.") als auch beim Heurigen, dem Chefin Veronika vorsteht. Unser Tipp: am Wochenende Nieren- und Lammbraten – jenseitig gut! *Hauptstraße 33, 2500 Sooß, Tel.: 02252/871 30, www.weingut-fischer.at*

Flämmen

Das Überkrusten oder Karamellisieren von Oberflächen bei bereits fertigen Speisen mit einer Flamme. Bevorzugte Werkzeuge: Lötlampe oder Bunsenbrenner.

Flambieren

Ist nicht nur ein optisches Spektakel, macht auch geschmacklich einen Sinn. Die Spirituose wird auf der Speise angezündet, damit sich der Alkohol verflüchtigt, die Aromen aber übrig bleiben. Deshalb immer nur allerbesten Schnaps dafür verwenden, sonst ist die Feuertaufe umsonst.

Flusskrebs

„Die Monde ohne R sind gut zum Reisen, zum Hochzeitmachen und zum Krebsespeisen." (alte Feinschmeckerregel). Die Zeiten, als mit Krebsenessen große Gelage gefeiert wurden, sind leider vorbei. Der europäische Edelkrebs, den es früher in Hülle und Fülle gab, wurde 1880 durch die Krebspest fast ausgerottet. Heute kommt die gepanzerte Delikatesse zumeist aus Zuchten in der Türkei. Von den weltweit 300 Arten sind neben dem Edelkrebs, der Steinkrebs, der Sumpfkrebs und der Nordamerikanische Flusskrebs am bekanntesten. Am besten schmecken sie im Fond gekocht oder gegrillt.

Flusskrebse mit Senfgurkengelee und Sojabohnen, S. 38
Flusskrebs-Ristretto, S. 40

Fond

Eine Basis für Saucen, die aus zerkleinerten Resten, Knochen oder Karkassen hergestellt wird. Diese werden mit Gemüse und Gewürzen stark eingekocht, deshalb ist ein Fond immer sehr intensiv im Geschmack. Wenn man also z. B. den Bratensatz eines Fisches mit Fischfond aufgießt, verstärkt man das Erlebnis am Gaumen.

Forelle

Vermutlich weltweit eine der beliebtesten Fischarten. Kulinarisch relevant sind zwei Sorten:

● **DIE REGENBOGENFORELLE,** die, wie der Name schon sagt, ein farblich schillerndes Seitenband hat. Sie wird am häufigsten gezüchtet, da sie sehr schnell wächst und relativ robust ist.

● **DIE BACHFORELLE** ist die edelste aller Forellen, besonders wenn sie aus hoch gelegenen, kalten Gebirgsbächen gefischt wird. Sie braucht sauberes, sauerstoffreiches Wasser und ist an ihren blau-grünen Tupfen erkennbar.

Forelle mit Kräutersugo, S. 42

Froschschenkel

Die muskulösen Amphibienteile gelten weltweit als Delikatesse, man assoziiert sie jedoch zumeist mit Frankreich. Die Frösche werden in speziellen Farmen gezüchtet, bei manchen Arten erreichen die Schenkel die Größe von kleinen Hühnerkeulen. Ihr Fleisch erinnert ebenfalls an Huhn, ist allerdings fester im Biss. Das vermutlich abgehobenste Froschschenkel-Rezept stammt von August Escoffier. Für die Nymphes à l'Aurora werden Froschschenkel im Weißweinsud gegart. Dann lässt man sie erkalten und färbt sie mit Paprika rot ein. Mit klarem Champagnergelee übergießen, mit Estragon und Kerbel garnieren und auf einem gemeißelten Eisblock servieren.

futurefood studio

Menschen sind von Natur aus Genießer – mit der Ernährungsexpertin Hanni Rützler und Heinz Hanner kann man jetzt seine kulinarische Sensorik schärfen. Beim Workshop futurefood studio „Die Lust am Geschmack" lernt man hochwertige Grundnahrungsmittel mit allen Sinnen zu erobern.

DAS PROGRAMM:

- kommentierte Verkostung mit Hanni Rützler
- spielerische Übungen zur Schärfung des individuellen Geschmacks
- neue, teilweise unveröffentlichte Erkenntnisse der Ernährungswissenschaft
- Kochen mit Heinz Hanner

F FLUSSKREBSE

Flusskrebse
mit Senfgurkengelee und Sojabohnen

Leichtes, zartes Frühlings- und Sommergericht, mit modernen Kochtechniken bei luftigem Bohnenschaum und lauwarmem Senfgurkengelee!

16 Flusskrebse (à 150 g)

FÜR DEN KREBSENFOND
1 EL Senfkörner
1 Lorbeerblatt
1 TL Kümmel
150 g Wurzelgemüse (Stangensellerie, Karotte, Lauch)
Salz, Pfeffer

FÜR DAS SENFGURKENGELEE
200 g eingelegte Senfgurken, entsaftet
200 ml Krebsenfond
50 ml weißer Balsamico
50 ml Haselnussöl
1 Msp. Dijonsenf
Prise Kristallzucker
3 g Agar-Agar
Salz, Pfeffer

FÜR DEN WEISSEN BOHNENSCHAUM
50 g weiße Bohnen
$^1/_8$ l Obers
1 EL Crème fraîche
Spritzer Zitronensaft
40 g Butter
1 EL Bohnenkraut, fein geschnitten
Salz, Pfeffer

FÜR DIE GARNITUR
40 g eingelegte Senfgurken, klein geschnitten
100 g grüne Sojabohnen
2 EL Sojasprossen
2 Radieschen, in feine Streifen geschnitten
16 Scheiben Périgord-Trüffel
Salz, Pfeffer

Die Flusskrebse in kochendem Wasser 2 Minuten lang ziehen lassen. Danach mit kaltem Wasser abschrecken und aus den Schalen brechen.
Die Flusskrebsschwänze der Länge nach aufschneiden und den Darm entfernen. Die Flusskrebse in leicht gesalzenes Wasser legen, damit sie sich nicht schwarz verfärben.
Für den Krebsenfond die Karkassen mit Pfeffer, Senfkörnern, Lorbeerblatt, Kümmel und dem Wurzelgemüse 1 Stunde lang zu einem klaren Fond verkochen, dann abseihen.
Für das Senfgurkengelee alle Zutaten außer dem Agar-Agar in einem Topf vermischen und aufkochen. Mit Agar-Agar binden und 1 Minute lang bei kleiner Hitze kochen lassen. Ein Backblech mit Klarsichtfolie auslegen und das Gelee 3 mm hoch eingießen.
In den Kühlschrank stellen und fest werden lassen.
Für den Bohnenschaum weiße Bohnen in $^1/_4$ l Wasser weich kochen, pürieren und abseihen. Obers und Crème fraîche zugeben, mit Salz, Pfeffer und Zitronensaft würzen. Zum Schluss mit kalter Butter und fein geschnittenem Bohnenkraut aufmixen.
Aus dem Senfgurkengelee viermal 4 cm breite und 6 cm lange Streifen schneiden und jeweils in die Mitte eines Tellers legen. Das restliche Senfgurkengelee erwärmen und die klein geschnittenen Senfgurken, Sojabohnen, Sojasprossen und Radieschen damit marinieren. Dann auf den Tellern rund um das Senfgurkengelee verteilen.
Die Flusskrebse in etwas Krebsenfond erwärmen und auf das Senfgurkengelee setzen. Zum Schluss mit weißem Bohnenschaum und Trüffelscheiben garnieren.

WEIN 2005 PINOT BLANC, HIEDLER, LANGENLOIS
Zart duftig, weich, harmonisch und frisch

F
FLUSSKREBS

Flusskrebs-Ristretto

Die Idee zu diesem Gericht kam Hanner, als er Bohnenmischung und Röstung seines Hauskaffees zusammenstellte. Für die Technik – unter Druck und Hitze einem Produkt seine Aromen und Wirkstoffe zu entlocken – fand er die Espressomaschine optimal. (Natürlich eine separate kleine Maschine, mit der man dann nie mehr Kaffee macht.)

Schalen und Panzer (Karkassen) von 40 ausgelösten Flusskrebsen
1 Schuss Noilly Prat
$^{1}/_{8}$ Weißwein
1 Lorbeerblatt
1 Msp. Kümmel
20 g Sellerie, klein geschnitten

Für den Krebsenfond die Karkassen von 20 Flusskrebsen bei geringer Hitze ohne Fett anrösten. Mit Noilly Prat ablöschen, mit Weißwein aufgießen und einreduzieren. Dann so viel Wasser zugießen, dass die Karkassen zur Gänze bedeckt sind. Lorbeerblatt, Kümmel und Sellerie zugeben und ca. 1 Stunde lang ziehen lassen. Durch ein feines Tuch abseihen und in den Wassertank einer Espressomaschine füllen. (Natürlich könnte man auch Wasser nehmen, mit dem Krebsenfond werden aber sowohl Geschmack als auch Aroma verstärkt.)
In der Zwischenzeit die Schalen der restlichen Flusskrebse im Backrohr bei ca. 50 °C trocknen. Dann in einer kleinen Kaffeemühle wie Kaffee fein mahlen. Wie für einen Espresso in den Einsatz füllen, pressen und durch die Maschine lassen.
TIPP: Diesen Ristretto kann man auch wie einen Macchiato mit Milchschaum krönen.

WEIN 2005 GRÜNER VELTLINER STEINFEDER, HOLZAPFEL, JOCHING
Sehr frisch, mineralisch mit feiner Würze

F FORELLE

Forelle mit Kräutersugo
warm gebeizt und mit zartem Salat

Hier ist die echte Bachforelle oder ein wilder Saibling gefragt. Wenn sie aus einem ordentlich fließenden Bach, Fluss oder aus den Salzkammergutseen stammen, dann stimmt auch das Ergebnis! Also, angeln Sie sich einen guten Fischer und halten Sie ihn stets bei guter Laune!

FÜR DIE FORELLEN
4 EL Olivenöl
2 EL Walnussöl
1 EL Estragonessig
je 2 Zweige frischer Estragon, Basilikum, Petersilie, Schnittlauch und Kerbel
geröstete Pinienkerne
8 Bachforellenfilets
Salz, Pfeffer

FÜR DEN SALAT
2 EL Olivenöl
1 TL Senf
3 Spritzer Balsamessig
100 g kleine Salatblätter
Salz, Pfeffer

Für den Kräutersugo Öle mit Essig, den Kräutern und den Pinienkernen mixen, mit Salz und Pfeffer würzen.
Forellenfilets entgräten und auf Teller legen.
Mit dem Kräutersugo begießen und mit Frischhaltefolie abdecken.
Im Backrohr bei 70 °C 25 Minuten ziehen lassen.
Für den Salat eine Marinade aus Olivenöl, Senf, Balsamessig, Salz und Pfeffer anrühren. Die zarten Salatblätter damit marinieren.
Je 2 Fischfilets in der Tellermitte anrichten, mit Kräutersugo umgießen und mit Salat belegen.

WEIN 2004 ROTGIPFLER RODAUNER TOP SELEKTION, ALPHART, TRAISKIRCHEN
Vielschichtig in der Nase, fruchtig, blumig und leichte Exotik, sehr komplex am Gaumen mit einer sehr eleganten Cremigkeit

Galerie Jünger

Die Kunsthistorikerin Andrea Jünger-Rychlik leitet seit über zehn Jahren die Galerie Jünger in der Badener Fußgängerzone und konzipiert die jährlich wechselnde Ausstattung mit zeitgenössischer Kunst bei Hanner. Im Zuge des Umbaus gelang der Architektengruppe „pla.net" eine abwechslungsreiche Raumabfolge, deren individuelle Möblierung in Zusammenklang mit dramaturgisch eingesetzten Landschaftsausblicken nicht nur den kultivierten Rahmen für kulinarische Erlebnisse bildet, sondern auch der Bildenden Kunst geeignete Auftrittsmöglichkeiten verschafft. Die symbiotische Zusammenarbeit des Spitzenkochs Heinz Hanner mit der Galerie Jünger ermöglicht es, eine sehr weitgehende Vorstellung von Lebenskultur auf höchstem Niveau anzubieten. In der Galerie selbst zeigt sich das reiche Spektrum an österreichischer Gegenwartskunst, wobei abstrakte wie gegenständliche Positionen in den Bereichen Malerei, Grafik, Fotografie und Skulptur präsentiert werden. *Pfarrgasse 1, 2500 Baden*

Galgant

War im Mittelalter schon einmal groß in Mode und ist jetzt wieder kulinarisch top. Asiatische Wurzel, süß-bitter, leicht brennend und dennoch erfrischend im Geschmack.

Gans

Die wohl älteste gezähmte Geflügelart der Welt. Am besten sind die Frühmastgänse. Sie sind bis zu vier Monate alt und zwischen drei und vier Kilo schwer. Beim Braten entsteht eine knusprige Haut praktisch von selbst, wenn man die Gans regelmäßig mit dem eigenen Saft übergießt.

Gänseleber

„Nichts geht über eine ausgezeichnete Foie gras. An ihr starben mehr Gourmets als an der Pest." (Alexandre Grimod de la Reynière, L'Almanach des gourmands, 1803) Gänseleber ist eines der kostbarsten Produkte für kreative Köche. Mit ihrer zarten Struktur und schmelzenden Konsistenz setzt sie der Fantasie für die Kombination mit anderen Zutaten kaum Grenzen. **Hanner-Tipps:** Gänselebermedaillons salzen, pfeffern und in Mehl wenden. In wenig Rapsöl bei starker Hitze beidseitig kurz knusprig braten, damit sie innen noch rosa sind. Bei gegrillter Gänseleber geht man genauso vor, allerdings kann man sich das Mehlieren ersparen. Vorzüglich schmeckt auch roh marinierte Gänseleber. Dafür schneidet man sie in hauchdünne Scheiben, bestreut sie mit Maldonsalz und Pfeffer aus der Mühle und bepinselt sie mit einer Emulsion aus Walnussöl und Weißweinessig.

Gänseleber-Cromesquis, S. 46
Gänseleber-Croustillantes, S. 48
Gänseleber-Millefeuille, S. 50
Germknödel mit Gänseleber, S. 52

Gartenwelt bei Hanner

Das Motto: genießen, entspannen und sich an Natur und Kunstobjekten erfreuen. Eintauchen ins Schwimmbiotop oder die Kois im Karpfenbecken beobachten. Kois sind wertvolle, färbige japanische Zuchtkarpfen, die ausschließlich dem optischen und niemals dem kulinarischen Vergnügen dienen.

Gänseleber-Cromesquis
auf Bockerlspieß

Wienerwald trifft französische Klassik: Das berühmte Gericht wird auf eigens vom Schwager Willi handbearbeiteten Bockerlspießen serviert, damit man die innen flüssigen Würfel nur mit dem Mund herunterziehen kann!

100 g Gänseleber
2 EL weißer Portwein
2 EL Cognac
1 TL Zucker
Mehl, Ei und Weißbrotbrösel zum Panieren
500 g Butterschmalz
Salz, Pfeffer

Gänseleber putzen und in 8 mm große Würfel schneiden. Portwein, Cognac und Zucker miteinander verrühren und die Gänseleber damit marinieren. Kurz in den Tiefkühler stellen. Anschließend mit Mehl, Ei und Weißbrotbröseln panieren. In Butterschmalz knusprig ausbacken und sofort auf Wienerwaldbockerlspießen servieren.

WEIN 2002 ROTGIPFLER-CHARDONNAY TROCKENBEERENAUSLESE, ZIERER, GUMPOLDSKIRCHEN
Intensiver Duft nach reifen Marillen und Dörrobst, cremig und süß mit einem Touch Würze

G GÄNSELEBER

Gänseleber-Croustillantes
mit Holunderblütenschaum und Malagareduktion

Dieses Gänseleber-Gericht ist besonders zart und filigran. Es besticht durch die Leichtigkeit des Holunderblütenschaums, den man eigentlich als „Luft mit Holunderblütengeschmack" beschreiben könnte.

FÜR DIE GÄNSELEBER-CROUSTILLANTES:
120 g Gänseleber
2 cl weißer Portwein
2 cl Cognac
24 Filo-Teigblätter (8 x 5 cm)
zerlassene Butter zum Bestreichen
Salz, Pfeffer

FÜR DEN HOLUNDERBLÜTENSCHAUM
400 ml eiskalter Holunderblütensaft
5 Blatt Gelatine, eingeweicht

FÜR DIE MALAGAREDUKTION
250 ml Malaga
3 EL Wasser
15 g Kristallzucker

1/8 l Sauerrahm
Saft von 1 Zitrone
250 g Wildkräutersalat
Salz, Pfeffer

Gänseleber durch ein Sieb streichen. Mit Portwein und Cognac begießen, mit Salz und Pfeffer würzen, mit Frischhaltefolie abdecken und im Kühlschrank kalt stellen.
Die Filo-Teigblätter (ersatzweise Strudelteig) auf eine Silikonmatte (oder Backpapier) legen. Mit zerlassener Butter bestreichen und mit einer zweiten Silikonmatte beschweren. Im Backrohr bei 150 °C ca. 2 Minuten lang backen. Herausnehmen und auf Küchenpapier auskühlen lassen.
Für den Holunderblütenschaum 100 ml Holunderblütensaft erwärmen, die eingeweichte Gelatine darin auflösen und auf ca. 15 °C abkühlen lassen. Den restlichen eiskalten Saft im Mixer aufschlagen und die Holundersaft-Gelatine-Mischung langsam einlaufen lassen. So entsteht ein schöner weißer Schaum. In kleine rechteckige Formen füllen und ca. 12 Stunden kühl stellen, bis er schnittfest geworden ist.
Für die Reduktion Malaga, Wasser und Zucker aufkochen und langsam auf 2 EL reduzieren.
Sauerrahm mit einem Schneebesen glatt rühren, mit Salz, Pfeffer und Zitronensaft würzen.
Gänseleber in einen Dressiersack füllen und zunächst auf 5 Teigblätter dressieren. Diese wie einen Turm übereinander setzen und mit einem sechsten, leeren Teigblatt abschließen. Mit den restlichen Teigblättern wiederholen. Gänseleber-Croustillantes auf Teller setzen. Holunderschaum aus den Formen stürzen und daneben platzieren. Wildkräutersalat mit Sauerrahm beträufeln und mit Malagareduktion vollenden.

WEIN 2005 GELBER MUSKATELLER, STADLMANN, TRAISKIRCHEN
Betörender Muskat-Duft, Exotik, sehr frisch und trocken am Gaumen

Gänseleber-Millefeuille
mit Trüffelgelee und Apfeltarte

Gänseleber, Périgord-Trüffel und frische Äpfel – ein kleiner Gruß der klassisch französischen Winter-Küche, ein wenig moderner interpretiert!

400 g Gänseleberterrine
(oder Masse von Cromesquis, S. 46, oder Croustillantes, S. 48)

FÜR DAS TRÜFFELGELEE
100 ml Madeira
100 ml weißer Portwein
400 ml Geflügelfond
50 ml Trüffelfond
6 Blatt Gelatine, eingeweicht
150 g Périgord-Trüffel
Salz, Pfeffer

FÜR DIE APFELTARTE
200 g Blätterteig
2 Äpfel (Granny Smith)
15 g Staubzucker

Die Gänseleberterrine der Länge nach in 5 mm dicke Streifen schneiden. Die Streifen nebeneinander auf ein Blech legen, anschließend im Kühlschrank für eine Stunde gut durchkühlen lassen.
Für das Trüffelgelee Madeira mit Portwein aufkochen und auf ein Viertel einreduzieren. Geflügel- und Trüffelfond zugießen, eingeweichte Gelatine einrühren, salzen und pfeffern.
Trüffel in dünne Scheiben schneiden und diese in das Trüffelgelee tauchen. Dann die Gänseleberterrine auf dem Blech damit belegen. Nochmals für 20 Minuten in den Kühlschrank stellen, damit man sie besser schneiden kann. Anschließend in acht Rechtecke von ca. 8 x 4 cm teilen. Die Rechtecke mit Trüffelgelee bestreichen. Jeweils zwei übereinander setzen und mit Gelee abschließen.
Die übrig gebliebenen Trüffelabschnitte hacken und mit dem restlichen Gelee vermischen. Gelee in vier kleine Würfelformen füllen und kalt stellen.
In der Zwischenzeit für die Apfeltarte Blätterteig im vorgeheizten Backrohr bei 180 °C ca. 10 Minuten lang blind backen. Äpfel waschen und in dünne Streifen (Julienne) schneiden. Blätterteig mit Apfelstreifen bedecken und mit Staubzucker bestreuen. Nochmals für 10 Minuten in den Backofen stellen, bis der Zucker karamellisiert ist.
Zum Anrichten je ein Gänseleberrechteck auf einen langen Teller setzen. Geleewürfel aus der Form stürzen und daneben platzieren. Apfeltarte in ca. 8 x 4 cm große Rechtecke schneiden und neben das Gelee setzen.

WEIN 2004 BEERENAUSLESE CUVÉE, KRACHER, ILLMITZ
Ausgeprägte Blumen-, Frucht- und Honignoten, süß, cremig und gleichzeitig elegant

G GERMKNÖDEL

Germknödel mit Gänseleber
Trüffelsalsa und Rübensirup

Der k. u. k. Klassiker darf im geschichtsträchtigen Mayerling nicht fehlen, diesmal mit Trüffel und Gänseleber angereichert. Schmeckt aber auch ohne!

FÜR DIE GERMKNÖDEL
15 g Germ
1/8 l lauwarme Milch
35 g Zucker
250 g Mehl
35 g Butter, Zimmertemperatur
1 Ei
Zesten von 1 Zitrone
Salz

FÜR DIE TRÜFFELSALSA
20 g Brösel von der Périgord-Trüffel
1 cl hochwertiges Olivenöl
2 cl Arganöl
Salz, Pfeffer

FÜR DEN RÜBENSIRUP
250 g Rote-Rüben-Saft
10 Kümmelsamen
Spritzer Balsamessig
Salz

4 Gänseleber-Medaillons (à 40 g, 3 cm dick)
2 EL Olivenöl
4 hauchdünne Scheiben rohe Gänseleber
Maldonsalz

Für die Germknödel mit der Germ, der Milch, dem Zucker und einer kleinen Hand voll Mehl ein Dampfl ansetzen. Dafür die genannten Zutaten vermischen und an einem warmen Ort 20 Minuten aufgehen lassen. Anschließend mit den restlichen Zutaten zu einem glatten Teig verarbeiten. Teig zu acht kleinen Knödeln formen und an einem warmen Platz um die Hälfte aufgehen lassen. In einem Dämpfeinsatz über Wasser ca. 10 Minuten dämpfen.
Für die Trüffelsalsa alle Zutaten gut mixen und lauwarm temperieren, damit sich das Trüffelaroma gut entfalten kann.
Rote-Rüben-Saft aufkochen, Kümmel zugeben und so lange einreduzieren bis er dickflüssig ist. Dann mit Essig und Salz abschmecken.
Gänselebermedaillons salzen, pfeffern und beidseitig mehlieren. Anschließend in einer heißen Pfanne mit wenig Olivenöl beidseitig 1 Minute anbraten.
Germknödel auf Tellern anrichten und mit den rohen Gänseleberscheiben belegen. Mit Maldonsalz bestreuen, mit der gebratenen Gänseleber, der Trüffelsalsa und dem Rübensirup garnieren.

WEIN 2002 RIESLING AUSLESE, SCHLOSS HALBTURN, HALBTURN
Sehr duftig, süß, mit einer frischen Note

Gelber Muskateller

Rassige steirische Spezialität, vereinzelt auch außerhalb der Grünen Mark anzutreffen: knackig-frische, muskattraubig-aromatische Weine, die auch mit geringem Alkohol überzeugen. Als Aperitif ein Must.

Genussladen bei Hanner

„STYLE – DESIGN – ART – FOOD" – bei Hanner gibt es jede Menge Genuss zum Mitnehmen: Selbstgemachtes der Saison (z. B. Wachauer Marillenmarmelade mit Ingwer oder Holunderblütenessig), Bücher zu den Themen Kochen, Essen und Design sowie Pflegeprodukte von L'Occitane. Aber auch – exklusiv in Österreich – das Gourmetbesteck „Georgette", das eine designte Symbiose aus einem Löffel und einer Gabel ist, die sich vor allem bei Cocktailpartys und für Desserts bewährt.

Geschmack

Unsere Zunge ist ein sensibles Wesen, auf deren verschiedenen Bereichen wir Dinge unterschiedlich schmecken. An der Spitze schmecken wir süß, an den Rändern sauer, im vorderen Bereich salzig und weiter hinten bitter. Eine Tatsache, die sich vor allem die Glaserzeuger wie Schott Zwiesel und Riedel zunutze machen. Sie formen zum Beispiel Weingläser so, dass der Wein auf die entsprechende Zungenregion gespült wird. Schmecken allein ist allerdings beim Genuss nicht genug. Erst das Zusammenspiel mit dem Geruchssinn ermöglicht uns die Wahrnehmung von bis zu 4.000 unterschiedlichen Geruchs- und Geschmacksempfindungen.

Gewürze

Sind das i-Tüpferl beim Kochen, obwohl man die meisten Gewürze beim Essen nicht schmeckt, sondern riecht. Deshalb ist es besonders wichtig, sie gut aufzubewahren. Gewürze verlieren bei Lichteinwirkung an Aroma, daher sollten sie in dunklen Gefäßen aufbewahrt werden. Vorgemahlene Gewürze werden schnell ausdruckslos, daher besser zu ganzen Stücken oder Körnern greifen und selber mahlen. Auch von langem Mitkochen ist abzuraten, da sich sonst Aroma und Wirkstoffe verflüchtigen.

Goessl, Rudolf

KUNST BEI HANNER

Jahrgang 1931, lebt und arbeitet in Wien, ist einer der bedeutendsten Vertreter reiner „Farbmalerei" in Österreich. Beschäftigte sich bereits in den 1960er Jahren mit der „Colourfield-Malerei" der amerikanischen Abstrakten wie z. B. Mark Rothko. Dadurch wurde Goessl zum wichtigen Vorläufer der „Jungen Wilden", die ihm zwanzig Jahre später folgten. Goessl selbst entwickelte über Jahrzehnte hinweg seine extrem stille, meditative Kunst, die mit körnigen Oberflächen (Quarzsand vermischt mit Farbpigmenten) Farbräume schafft.

Granatapfel

Galt im Altertum als Sinnbild der Liebe und der Verführung. Eva soll Adam mit einem Granatapfel bezirzt haben, bevor sie aus dem Paradies verstoßen wurden. Essbar sind jedenfalls nur die Kerne und das Fruchtfleisch, die bitteren Zwischenhäute sind ungenießbar.

Grappa

Hochprozentiger italienischer Tresterbrand, die besten werden in Eichen- oder Eschenfässern ausgebaut. Von legendärer Qualität sind Grappe von Romano Levi aus Neive, die es nur in einer geringen Anzahl gibt. Eine Auswahl davon findet man in der Hanner-Bar.

Grappapralinen

900 g Bitterschokolade (75% Kakaoanteil)
1/2 l Obers, lauwarm
250 g Butter, lauwarm
180 ml Grappa (von Levi)
100 g Glukosesirup
200 g flüssige Bitterschokolade zum Tunken
Goldstaub zum Bestauben

Die Bitterschokolade für die Pralinen auf 32 °C erwärmen und mit den restlichen Zutaten im Mixer mischen. Ein Backblech mit Folie auslegen und die Masse 3 mm hoch darauf streichen. Dann 24 Stunden lang im Kühlschrank durchkühlen. Herausnehmen und in 1,5 x 1,5 cm kleine Quadrate schneiden und in flüssige Bitterschokolade tunken. Auskühlen lassen und mit Goldstaub bestäuben.

Grauburgunder

Die Sorte mit den meisten Synonymen: Pinot Grigio, Ruländer, Pinot Gris – immer ein und dieselbe Rebe. Eher neutral, mit dezenten Dunkelfruchteinsprengseln, wird auch gerne im Holz ausgebaut.

Grill, Robert & Ramona
Winzer

Ein neuer alter Name in der Weinszene der Thermenregion: Der Name „Grill" ist in Gumpoldskirchen zwar nicht selten, dieser junge, aufstrebende Betrieb zeigt jedoch, wie man sich in kürzester Zeit mit Engagement und Köpfchen etablieren kann, selbst wenn die Weinbergfläche mit 3,5 Hektar nicht überwältigend scheint. Robert Grill ist zwar Absolvent der Weinbauschule in Klosterneuburg, begab sich dann allerdings auf ein völlig anders glänzendes Parkett. Er wurde Croupier im nahe gelegenen Baden und übte den Beruf elf Jahre lang aus. 2002 übernahm er das elterliche Weingut im Nebenerwerb, seit heuer leitet er das 20.000-Flaschen-Weingut hauptberuflich. Wie in Gumpoldskirchen üblich, ist der Löwenanteil weiß (80%): Rotgipfler, Zierfandler, Riesling, Welschriesling sowie Zweigelt und Merlot sind in den besten Lagen ausgepflanzt (Bricha, Satzing, Grimling). Der Ausbau der klassischen Weine erfolgt im Stahltank, Lagen- und Rotweine werden ausschließlich im Holz ausgebaut. Robert Grill: „Als kleines, feines Weingut möchten wir mit hochwertigen, gebietstypischen Qualitätsweinen wie Rotgipfler und Zierfandler ein Begriff werden." Was mit dem 93-Punkte-Grand-Cru-Sieger Rotgipfler Bricha 2003 übrigens bereits eindrucksvoll gelungen ist. Die Weine können sowohl ab Hof als auch beim Winzerschulheurigen in der Kajetan-Schellmann-Gasse degustiert werden.

Wiener Straße 88, 2352 Gumpoldskirchen,
Tel.: 02252/611 60, www.grill.or.at

Grüner Veltliner

Österreichs Nationalstolz – ergibt über das komplette Spektrum von leicht und frisch bis wuchtig und langlebig interessante, trockene Weißweine. Das meistgenannte Aroma ist das berühmte „Pfefferl".

G GODER

Goder vom Egelseer Waldschwein
mit Wasabikaviar und Champagnerlinsen

Die zeitgemäße Hanner'sche Interpretation von Schweinsbraten & Kren. Wir verwenden dafür den fetten Goder vom Egelseer Waldschwein und den scharfen Wasabikaviar. Für all jene, die im Gourmetrestaurant auch einmal moderne Hausmannskost essen möchten. Für zuhause eine wahre Sensation!

1 Goder vom Schwein (à 500 g)
6 Knoblauchzehen, gehackt
Kümmel
Angelika (Engelwurz)
100 g Wasabikaviar
Salz, Pfeffer

FÜR DIE CHAMPAGNERLINSEN
1 EL Schweineschmalz
3 Scheiben Bauchspeck, fein geschnitten
3 Schalotten, fein geschnitten
100 g Belugalinsen
Spritzer Balsamico
1/4 l Geflügelfond
1 Lorbeerblatt
1 Karotte, fein geschnitten
1 Sellerie, fein geschnitten
1/2 Stange Lauch, fein geschnitten
60 g kalte Butter
1/2 Bund Schnittlauch
1/16 l Champagner
Salz, Pfeffer

Schweinsgoder mit Knoblauch, Salz, Pfeffer und Kümmel mindestens einen Tag lang marinieren.
Das Fleisch mit der Fettschicht nach unten in eine Bratenform legen und mit Wasser fast bedecken. Im Backrohr bei 180 °C 45–50 Minuten lang garen. Danach umdrehen und die Fettschicht einschneiden (kleine Rauten). Im eigenen Saft und Fett so lange fertig garen, bis das Fleisch weich ist. Die Fettschicht sollte dann schön knusprig und braun sein. Den Bratensaft abschöpfen, mit Kümmel und etwas Engelwurz kurze Zeit am Herd köcheln lassen.
Für die Champagnerlinsen Schweineschmalz in einem Topf erhitzen. Den fein geschnittenen Bauchspeck und die Schalotten darin anschwitzen. Belugalinsen zugeben und mit Balsamico ablöschen. Den Geflügelfond zugießen und bei mittlerer Hitze langsam garen. Mit Lorbeerblatt und Pfeffer würzen. Wenn die Linsen halb gar sind, die fein geschnittenen Gemüsewürfel zugeben und noch kurz garen. Zum Schluss mit kalter Butter montieren und salzen. Mit Schnittlauch und Champagner vollenden.
Schweinsgoder in Würfel schneiden und auf den Champagnerlinsen anrichten. Wasabikaviar in einen Dressiersack füllen und auf den Schweinsgoder dressieren. Alles mit etwas Bratensaft umgießen.

WEIN 2004 GRÜNER VELTLINER RIED LAMM, BRÜNDLMAYER, LANGENLOIS
Intensiver Duft nach reifem Kernobst, kraftvoll, würzig und sehr lang

Halbturn

Mit Schloss Halbturn im Burgenland befindet sich seit einigen Jahren eines der traditionsreichsten Weingüter auf neuen Wegen. Auf Initiative von Baronesse Marie-theres Waldbott-Bassenheim wurde unter Regie von Karl-Heinz (Carlo) Wolf eine Kellerei geschaffen, die ihresgleichen sucht. 2001 wurden im ersten Schritt die historischen Terrassen am Joiser Jungenberg neu angelegt. Heute sind die Lagen des Schlossweinguts in Jois und Halbturn fast ausschließlich mit roten Rebsorten aus Österreich und Frankreich bepflanzt. 2002 baute man die ehemaligen Hofstallungen in eine moderne Kellerei um und konnte 2003 die ersten Weißweine des Jahrganges 2002 präsentieren, die von Carlo Wolf vinifiziert wurden und beste Bewertungen erzielten. Vor allem aber die Rotweine sorgen seither für Furore. Sämtliche Weine sind in der Vinothek des Schlosses und online erhältlich. *www.schlosshalbturn.com*

Hase

Sein Fleisch ist äußerst aromatisch, aber eine Herausforderung in der Küche, da es leicht trocken wird. Am besten sind die so genannten „Dreiläufer" – drei Monate alte Hasen, die zu Beginn der Saison geschossen werden.
Wildhasenpfeffer, S. 168

Hasenöhrl, Herbert
Winzer

1998 folgte Herbert Hasenöhrl, jüngster Spross von Franz und Christine, als Quereinsteiger der gewachsenen Tradition des Gumpoldskirchner Weinbaus. Zwei Jahre später wurde die Kellerwirtschaft vom Ortskern an den Hutweidenweg am Ortsrand verlegt. Hier werden seither Rot- und Weißweine der Sonderklasse ausgebaut. Im Zentrum blieb die vorbildlich gemütliche Buschenschank. Der Betrieb ist einerseits traditionell orientiert – die Vinothek mit den gereiften Weinen zeugt von der hohen Weinkultur des Hauses –, andererseits aber durchaus Neuerungen aufgeschlossen. So war Herbert Hasenöhrl der erste Winzer der Thermenregion, der dem Korken ade sagte und auf Schraubverschlüsse umstieg: „Da stehst du das halbe Jahr im Weingarten, bringst dein ganzes Know-how, Technik und natürlich dein Herz in den Ausbau ein – und dann vernichtet dir ein unberechenbarer Kork die gesamte Arbeit!", ärgerte sich Hasenöhrl – zum letzten Mal. Denn seit dem Jahrgang 2003 wird die komplette Ernte verschraubt. *Wiener Straße 24, 2352 Gumpoldskirchen, Tel.: 02252/624 57, www.hasenoehrl.com*

Hauenfels, Uwe
KUNST BEI HANNER

Jahrgang 1967, lebt und arbeitet in Wien und Waidhofen an der Ybbs. Der Formalist arbeitet mit verschiedensten Materialien und Techniken, wobei die schön gekurvte Linie in seinen Werken eine große Rolle spielt. Dabei interessieren ihn auch Grenzüberschreitungen von der bildenden zur angewandten Kunst, sprich Design.

Hecher, Johann
Winzer

Das Hecher'sche Weingut in Sooß ist seit 1765 im Familienbesitz. Johann Hecher (der Junior) wurde in den elterlichen Betrieb von Johann und Leopoldine hineingeboren, 2002 hat er ihn übernommen. Der Rotwein führt im 14-Hektar-Weingut gegenüber dem Weißen mit 3 : 2. In Rot sind Zweigelt, Blauer Portugieser,

St. Laurent, Pinot Noir, Merlot, Cabernet Sauvignon und Blauburger ausgesetzt; in Weiß ergänzt eine imposante Bandbreite das Sortiment: Chardonnay, Riesling, Neuburger, Muskateller, Welschriesling, Traminer, Rotgipfler, Sauvignon Blanc, Weißburgunder und Rivaner (für den Jungwein). Verkauft wird der größte Teil ab Hof beim Heurigen, wo Johanns Ehefrau Rita die gute Seele ist. In Weiß darf sich der Winzer einen A-la-Carte-Grand-Cru-Sieg (Sauvignon Blanc) und einen Salonsieger (Chardonnay) auf die Fahnen heften. In Rot ist die Cuvée „Sasso Rosso" (roter Felsen) der Topwein, benannt nach „sassa ad tres fontes" (Ansiedlung an den drei Brunnen), von dem sich der Name „Sooß" herleiten soll. *Hauptstraße 37, 2500 Sooß, Tel.: 02252/871 90, www.hecherwein.at*

Hecht

Legendärer Raubfisch in heimischen Gewässern mit ca. 700 rasiermesserscharfen Zähnen. 2 Meter lang und 30 Kilo schwer – klingt nach Jägerlatein, kann aber beim Hecht schon vorkommen. Lästig am Hecht sind die vielen feinen Gräten, die man teilweise einzeln herausziehen muss. Deshalb werden kleine Hechte am besten faschiert und zu einer Farce verarbeitet.
Hecht, S. 60; Hechtsoufflé, S. 62

Hinterbrühler Seegrotte

Eines der eindrucksvollsten Naturdenkmäler Niederösterreichs entstand 1912 nach einer Sprengung im damaligen Gipsbergwerk, als mehr als 20 Millionen Liter Wasser aus einem so genannten Wassersack mit ungeheurer Wucht durch die Stollen und Gänge strömten und den größten unterirdischen See Europas bildeten. Ab den 1930er Jahren wurde das Naturspektakel in ein Schaubergwerk umgewandelt.

Hohe Reith

Bergkuppel im niederösterreichischen Pielachtal, wo die besten Tauben und Waldhühner Österreichs exklusiv für Hanner gezüchtet werden.

Honig

Im Wesentlichen gibt es zwei Honigarten:
Waldhonig, von Tannen oder Fichten, dunkel, malzig.
Blütenhonig stammt vom Nektar verschiedener Blüten wie z. B. Akazien, Kastanien, Lavendel etc. Gibt es entweder als Mischung oder sortenrein.
Falls der Honig kristallisiert, kann man ihn durch vorsichtiges Erwärmen auf ca. 40 °C wieder flüssig machen. Tipp: Honig kann man z. B. mit frischen Löwenzahnblüten oder Spitzwegerich ansetzen und aromatisieren.

Hubschrauberlandeplatz bei Hanner

Koordinaten: N 48° 02' 42" und E 016° 05' 51"

Hummer

Beim König der Meere unterscheidet man zwischen Europäern und Nordamerikanern. Erstere sind sehr selten und besonders gefragt, die meisten Hummer stammen von der nordamerikanischen und kanadischen Atlantikküste, wo sich die Bestände in den letzten Jahren verdreifacht haben. Europäische Hummer sind schlanker, haben schmalere Scheren und sind oft blau gefärbt. Beide schmecken leicht nussig, der amerikanisch-kanadische Hummer hat jedoch eine etwas süßlichere Note.
Hummer in Papillote, S. 66

H HECHT

Hecht aus dem Mondsee
mit Waldpilzen und Petersilie

Nicht nur lassen sich die Gräten beim großen, 6–10 kg schweren Hecht aus den österreichischen Seen mit dem V-Schnitt leicht herausschneiden, auch die Qualität ist bei diesen Riesen einzigartig und der Geschmack hält jedem Vergleich mit edlen Meeresfischen stand!

1 Filet vom Mondsee Hecht, ca. 2 kg (oder 2 kleine)
etwas Mehl
50 g Butter
2 EL Olivenöl
1 Knoblauchzehe
1 Thymianzweig
1 Rosmarinzweig
1 Zitronenscheibe

FÜR DIE PETERSILIENPÜREES
125 g weiße Petersilienwurzeln
40 g Butter
1/8 l Wasser (oder Fischfond)
2 Bund Petersilie
3 EL Olivenöl

200 g Waldpilze (Herbsttrompeten, Totentrompeten, Steinpilze, Eierschwammerln ...)
30 g Butter
Salz, Pfeffer

Hechtfilet schuppen und entgräten. Mit Salz und Pfeffer würzen und auf der Hautseite mit Mehl bestreuen.
In einer Pfanne Butter und Olivenöl erhitzen. Hechtfilet mit der Hautseite nach unten einlegen und langsam bei mittlerer Hitze braten. Dabei immer wieder mit einem Löffel mit Butter-Olivenölmischung übergießen. Gegen Ende der Bratzeit Knoblauch, Thymian- und Rosmarinzweig sowie die Zitronenscheibe einlegen und mitziehen lassen.
Für die Petersilienpürees Petersilienwurzeln schälen, klein schneiden und weich kochen. Mit 1/16 l Wasser und Butter in einen Mixer geben und fein pürieren. Mit Salz und Pfeffer würzen und durch ein feines Sieb streichen.
Petersilie abzupfen, in Salzwasser blanchieren und mit Eiswasser abschrecken. Mit dem restlichen Wasser und dem Olivenöl im Mixer fein pürieren. Mit Salz und Pfeffer würzen und durch ein feines Sieb streichen.
Waldpilze putzen, kurz in Butter anschwitzen, mit Salz und Pfeffer würzen. Waldpilze auf Tellern anrichten, mit Hechtfilet belegen und mit den beiden Petersilienpürees servieren.

WEIN 2004 PINOT BLANC, SCHAFLER, TRAISKIRCHEN
Frischer Duft nach Äpfeln, am Gaumen elegant und mit Aromen von weißen Mandeln

H HECHT

Hechtsoufflé
mit Rote-Rüben-Suppe

*Ein Überraschungsrezept aus der Kategorie „Erlebnisgastronomie".
Aus dem weißen Soufflé tritt beim Anstechen die duftende, dunkelrote Rübensuppe aus. Erleben Sie dabei die Wirkung der körpereigenen Droge Endorphin, auch bekannt als Glückshormon!*

FÜR DIE SUPPE
1 l Rote-Rüben-Saft
1 TL Kümmel
Spritzer Balsamessig
6 Blatt Gelatine

FÜR DAS SOUFFLÉ
400 g Hechtfilet
Zitronensaft
$^1/_4$ l Obers
4 Eiklar
Butter für die Formen

3 EL Fischfond
1 TL Wasabipulver
Salz, Pfeffer
Croûtons zum Garnieren

Rübensaft mit Kümmel auf die Hälfte der ursprünglichen Menge einkochen, mit Salz und Balsamessig abschmecken. Die in etwas kaltem Wasser eingeweichten Gelatineblätter ausdrücken und im Rübensaft auflösen. Rübensuppe in Mokkatassen füllen und im Kühlschrank erkalten lassen.
Für das Soufflé die gut gekühlten Hechtfilets mit Salz, Pfeffer und etwas Zitronensaft würzen. In der Küchenmaschine zu einer Farce verarbeiten, indem nach und nach das Obers und das Eiklar zugegeben werden. Mit Salz und Pfeffer abschmecken.
Hechtmousse mit Hilfe eines Dressiersackes in gebutterte Ringe oder Kaffeeschalen füllen. In die Mitte das erkaltete Rübengelee setzen und mit der restlichen Hechtmasse abdecken. 1 Stunde im Kühlschrank gut durchkühlen lassen. Anschließend in ein Wasserbad stellen und im Backrohr bei 180 °C 8–10 Minuten lang pochieren.
Fischfond mit dem Wasabipulver erwärmen und verrühren. Hechtsoufflés aus den Formen stürzen, auf dem Wasabifond anrichten und mit Croûtons garnieren.

WEIN 2004 ZIERFANDLER, BIEGLER, GUMPOLDSKIRCHEN
Zarter Duft nach frischem Kernobst, geschmeidig und saftig

H HIMBEER

Himbeerbaiser
aus dem Stickstoff

Bei diesem Gericht kommt die interessante neue Kochtechnik mit flüssigem Stickstoff zum Einsatz. Damit können unterschiedliche Texturen erzeugt werden wie „außen knusprig gefroren" und „innen cremig-weich". Dazu ist das Ergebnis auch optisch ein Erlebnis. Achtung: Flüssiger Stickstoff ist sehr kalt (ca. –195 °C) und kann bei unsachgemäßem Umgang Verbrennungen verursachen. Bitte unbedingt die Schutzbestimmungen des Lieferanten beachten.

250 g Himbeeren
50 g Kristallzucker
1 cl Himbeergeist
2 Blatt Gelatine, eingeweicht
1 Eiklar

GERÄTE
1 Syphonflasche (iSi Gourmet Whip)
2 Sahnekapseln
1 gut isoliertes Gefäß, z. B. Sektkübel (Füllmenge mindestens 2 l)
1,5 l flüssiger Stickstoff

Himbeeren waschen und putzen. Mit Zucker und Himbeergeist vermischen und mit dem Pürierstab mixen. Eingeweichte Gelatine zugeben und durch ein Sieb passieren. Eiklar zu einem festen Schnee schlagen und unterrühren. Die Masse in die iSi-Flasche füllen und die Kapseln hineindrehen. Mit dem Verschluss nach unten für mindestens 24 Stunden in den Kühlschrank stellen. Dann auf eine Palette ca. 2 cm große Baiserformen spritzen.
Stickstoff in den Sektkübel füllen. Die Himbeerbaisers mithilfe eines Messers in den Stickstoff gleiten lassen. Nach ca. 10 Sekunden mit einem Löffel wenden und auf der zweiten Seite ebenfalls 10 Sekunden gefrieren lassen. Mit einem Schaumlöffel herausheben und auf einer gekühlten Schieferplatte oder einem Teller servieren.

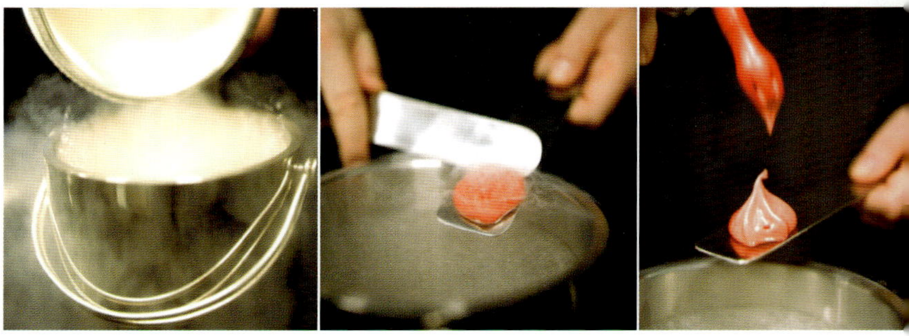

Hummer
mit Orangenblütenwasser in Papillote

Ein Hanner-Hummer-Hammer – einfach fruchtig frisch, aromatisch duftend, geht leicht und ist schnell vorzubereiten. Und damit auch das Ergebnis stimmt: am besten frischen bretonischen Hummer verwenden!

2 Hummer (à 500 g)
Filets und Zesten von 2 Orangen
2 EL Pinienkerne
2 Estragonzweige
$^{1}/_{16}$ l Orangenblütenwasser
4 EL Arganöl

Hummer in einen Topf mit kochendem Wasser geben. Die Temperatur aufs Minimum zurückdrehen und den Hummer 5 Minuten ziehen lassen. Die Scheren abtrennen und nochmals 2 Minuten nachkochen, dann alles aus dem Panzer lösen. Backpapier in vier Rechtecke schneiden und mit je einer Schere und einem halben Hummer-Schwanz belegen. Mit Orangenfilets, Orangenzesten, Pinienkernen und Estragonblättern bestreuen, mit Orangenblütenwasser und Arganöl beträufeln. Papier über dem Hummer gut einschlagen, am besten doppelt falten. Im Backrohr bei 200 °C ca. 7 Minuten lang backen. Herausnehmen, auf Teller setzen und die Papillote erst bei Tisch aufschneiden.

WEIN 2004 ZIERFANDLER MANDL-HÖH, STADLMANN, TRAISKIRCHEN
Vielschichtige Nase, überraschend, sehr komplex am Gaumen, perfekte Vereinigung von Kraft und Eleganz, sehr tiefgründig und doch nicht kompliziert

Impériale

So wird im Bordeaux eine Weinflasche mit 6 Litern Fassungsvermögen genannt. In der Champagne und im Burgund sagt man dazu allerdings „Methusalem".

Indra, Birgit
Modedesignerin

Was verbindet Haute Cuisine mit Haute Couture? Was haben Heinz Hanner und Birgit Indra gemeinsam? Sehr viel, allen voran das Streben nach dem Genuss auf hohem Niveau und einer Exklusivität, die man nicht überall findet. Während Heinz Hanner in seiner Küche kulinarische Sinneserlebnisse mit den besten Zutaten

schafft, kreiert die Designerin Birgit Indra eine Mode als Sinneserlebnis durch hochwertige Materialien wie Reinseide, Kaschmir etc. für Genießer und Menschen mit hohen Ansprüchen. Deshalb sind die exklusiven Modekreationen der „INDRA COLLECTION", die pro Saison nur in limitierter Stückzahl gefertigt werden, auch exklusiv bei Hanner ausgestellt und erhältlich.
Hochstraße 2, 2540 Bad Vöslau, Tel.: 02252/789 84, www.indra.co.at

Induktionsherd

Ist ein besonderes Kochfeld, bei dem die gewünschte Hitze nicht in Heizwendeln, sondern durch einen Induktionsstrom (Wirbelstrom) im Boden des Topfes entsteht. Die Vorteile sind eine geringe Reaktionszeit auf Temperaturveränderungen, also eine kurze Vorwärmphase, und eine kühle Kochplatte, da diese sich nicht selbst, sondern nur den Topf erwärmt. Man benötigt dafür Kochtöpfe mit Böden aus magnetischem Material.

Ingwer

War vor der Verbreitung der Chilischote in Ostasien das einzige scharfe Gewürz. Der Wurzel werden sowohl heilende als auch aphrodisische Wirkungen nachgesagt. In jedem Fall ist Ingwer beim Kochen ein erfrischendes, aromatisches Gewürz, das oft für den nötigen Kick Schärfe sorgt.

Jakobsmuschel

Ist seit ein paar Jahren bei uns sehr in Mode. Auch Carpaccios werden daraus angefertigt, was bei dem festen, nussartigen Muschelfleisch nur verständlich ist. Optisch attraktiv ist die Jakobsmuschel nicht nur wegen ihrer kompakten Form, sondern auch wegen des orange-roten Corails, der ihr wie ein Halbmond anhaftet. Und natürlich wegen ihrer wunderschönen, fächerförmigen Schale, in der der Legende nach die Venus geboren sein soll. Am besten kauft man die Muscheln noch in der Schale. Das ist zwar ein wenig mehr Arbeit, dafür sind sie aber frischer und haben ein festeres Fleisch.

Jakobsmuschel, mariniert und gebraten, S. 70
Jakobsmuscheln mit Brotkruste überbacken, S. 72
Jakobsmuschel mit Kaviar und Rieslingcreme, S. 74

Julienne

Fachbegriff für in sehr feine Streifen geschnittenes Gemüse.

Junggourmet bei Hanner

Die Chance für die Feinschmecker von morgen. Alle, die ihren 40. Geburtstag noch nicht erreicht haben, können jeden Sonntag ab 18 Uhr bei Hanner ein dreigängiges Gourmetmenü zu einem günstigen Einsteigerpreis probieren.

Jakobsmuscheln
mariniert und gebraten

Die Topqualität der Jakobsmuscheln ist die Grundlage für das schlichte und schnell zubereitete Gericht! Für diese beliebte Vorspeise eignen sich anstatt Jakobsmuscheln auch dünn geschnittene Filets vom heimischen Saibling, Weißfisch, Hecht oder Zander sehr gut.

8 Jakobsmuscheln
Saft von 1 Limette
1 EL Arganöl
16 Scheiben schwarze Trüffel
schwarzer Pfeffer aus der Mühle
Meersalz

4 Jakobsmuscheln in jeweils 4 gleichmäßige Scheiben schneiden. Limettensaft, Arganöl, Pfeffer und Meersalz zu einer Marinade verrühren und die Jakobsmuscheln damit bepinseln. Mit den marinierten Jakobsmuscheln und den schwarzen Trüffelscheiben auf Tellern ein Mosaik legen.
In einer beschichteten Pfanne ohne Öl die restlichen Jakobsmuscheln beidseitig kurz anbraten. Mit Meersalz und Pfeffer würzen und mit den marinierten Jakobsmuscheln servieren.

WEIN 2004 SAUVIGNON BLANC, REPOLUSK, GLANZ/WEINSTRASSE
Frisch und mineralisch, fruchtig, sehr geradlinig, typisch steirisch

J JAKOBSMUSCHEL

Jakobsmuscheln
mit Brotkruste überbacken

Unsere neueste Jakobsmuschelkreation aus dem Februar 2006. Die Kunst dabei ist, das Muschelfleisch in der eigenen Schale zu dämpfen und den Brotteig darüber als Deckel knusprig zu backen. Ein wenig Übung und Sorgfalt belohnen anschließend mit einem einzigartigen Gericht, das man auch 2 bis 3 Stunden vorher vorbereiten kann.

FÜR DEN HAUSBROTTEIG
150 g griffiges Weizenmehl
1 TL Salz
13 g Germ
75 ml lauwarmes Wasser
1 EL Sonnenblumenöl

4 frische Jakobsmuscheln in der Schale, à 250 g (am besten aus Norwegen, Schottland oder Frankreich)
20 g Lauch, fein gewürfelt
10 g Karotte, fein gewürfelt
10 g Sellerie, fein gewürfelt
6 g kleine Würfel von der Périgord-Trüffel
Salz, Pfeffer

FÜR DIE TRÜFFELMARINADE
4 cl Trüffeljus
4 cl Geflügelfond
6 cl Arganöl
Salz, Pfeffer

FÜR DEN SOCKEL ZUM ANRICHTEN
200 g Meersalz
1 EL Eiweiß

Für den Brotteig alle Zutaten vermischen und zu einem glatten Teig verarbeiten. Beiseite stellen und 30 Minuten rasten lassen.
Jakobsmuscheln sorgfältig außen mit einer Bürste unter fließendem Wasser putzen und mit einem Messer öffnen. Jetzt nochmals unter fließendem Wasser waschen, Corail und Sand entfernen, so dass nur das weiße Muschelfleisch und die Schale übrig bleiben.
Für die Trüffelmarinade alle Zutaten mit einem Schneebesen gut verrühren.
Je eine Muschel in die untere Schalenhälfte setzen, salzen, pfeffern und rundherum die Gemüse- und Trüffelwürfel arrangieren. Jede Jakobsmuschel mit 1–2 EL Trüffelmarinade beträufeln.
Brotteig ca. 2 mm dick ausrollen und die Jakobsmuscheln damit abdecken.
Im Backrohr bei 190 °C ca. 5 Minuten lang backen.
Meersalz mit Eiklar mischen und damit jeweils einen runden Sockel auf vier Tellern modellieren. Dann die Jakobsmuschel im Brotteig darauf setzen. Bei Tisch wird die dünne, knusprige Brotkruste mit einem Messer von der Muschel abgehoben und als Beilage zur Muschel geknabbert.

WEIN 2005 GRÜNER VELTLINER BERG, HUBER, REICHERSDORF
Frisch und fruchtig, typisch, kraftvoll und doch elegant

J JAKOBSMUSCHEL

Jakobsmuschel
mit Kaviar und Rieslingcreme

Der Jakobsmuschel-Klassiker bei Hanner schlechthin, kreiert im Jahre 1995 ist er immer noch ein Highlight! Gut vorzubereiten für Feste, bei denen die Gastgeber mit den Gästen feiern wollen, statt den ganzen Abend in der Küche zu verbringen!

FÜR DEN GEMÜSEFOND
50 g Schalotten, geschnitten
50 g Sellerie, geschnitten
50 g Karotten, geschnitten
50 g Petersilienwurzel, geschnitten
50 g Petersilienstängel, geschnitten
5 Pfefferkörner
1 Lorbeerblatt
20 g Ingwerwurzel, klein geschnitten

FÜR DIE RIESLINGCREME
1 kleine Schalotte, fein geschnitten
20 g Butter
125 ml Riesling (am besten den, den es auch zu trinken gibt!)
250 ml klarer Gemüsefond
125 ml Obers
2 Eidotter
Salz, weißer Pfeffer aus der Mühle

4 große Jakobsmuscheln in der Schale
100 g Belugakaviar
20 g Butter
$^{1}/_{16}$ l Riesling

Für den klaren Gemüsefond alle Gemüse und Gewürze in 1 l Wasser ohne Salz ca. 1 Stunde leicht köcheln lassen, dann abseihen.
Für die Rieslingcreme Schalotte ohne Farbe in Butter anschwitzen. Mit zwei Drittel des Rieslings aufgießen und langsam einreduzieren. Gemüsefond zugießen und wieder auf ein Drittel reduzieren. Obers zugeben, diesmal auf die Hälfte reduzieren und durch ein Sieb gießen. Eidotter zugeben und über Dampf aufschlagen. Aufpassen, dass die Creme dabei nicht gerinnt, die Eidotter sollen die Sauce nur an Stelle von Butter binden! Falls sie doch gerinnt, mit einem Pürierstab gut durchmixen und nochmals durch das Sieb leeren. Zum Schluss mit Salz, weißem Pfeffer und dem restlichen Riesling abschmecken.
Jakobsmuscheln sorgfältig außen mit einer Bürste unter fließendem Wasser putzen und mit einem Messer öffnen. Jetzt nochmals unter fließendem Wasser waschen, Corail und Sand entfernen, so dass nur das weiße Muschelfleisch übrig bleibt. Die Muscheln in dünne Scheiben schneiden und diese mit ein wenig Kaviar belegen. Dann die Muschelscheiben wieder so zusammensetzen, wie sie vorher waren.
Die 4 Muscheltürme auf bebutterte Teller setzen und mit Riesling beträufeln. Mit Alufolie abdecken und im Kühlschrank kalt stellen. Ca. 30 Minuten vor dem Servieren die Teller mit den Muscheln bei 75 °C ins Backrohr stellen.
Die Muscheltürme auf Teller setzen, mit Rieslingcreme übergießen und mit dem restlichen Kaviar garnieren.

WEIN 2004 RIESLING STEINMASSL, LOIMER, LANGENLOIS
Klarer Duft nach Steinobst, frisch und hochelegant

Kaffee

Die älteste Art Kaffee zuzubereiten ist, gemahlene Bohnen mit Wasser aufzukochen. Die durchaus geschmackvolle Variante davon kennen wir aus der Türkei oder Griechenland. Eher abzuraten ist von einer Methode, die in den „Lucky Luke"-Comics (von Morris & Goscinny) praktiziert wird: „Für einen guten Kaffee füllt man die Kanne mit Kaffee und befeuchtet diesen etwas. Nach dem Erhitzen wirft man ein Hufeisen hinein. Geht es unter, ist der Kaffee zu schwach und man gibt noch Kaffee zu." Da ist es schon besser mit Dampf und Druck einen Espresso zu machen (*siehe Espresso, S. 32*). Bleibt noch die Frage der richtigen Bohnen. Die bekanntesten Sorten sind Arabica und Robusto. Arabica gilt als feiner und ist auch empfindlicher beim Anbau. Robusto hat einen höheren Säuregehalt. Wie ein Kaffee letztlich schmeckt, hängt dann noch von der Röstung der Bohnen ab. Die Kaffeespezialitäten bei Hanner werden von einer Wiener Rösterei speziell gemischt (94% Arabica & 6% Robusto) und geröstet. Dass Kaffee munter macht, verdanken wir dem Koffein, das übrigens 1820 als Trimethyl-Dioxipurin vom deutschen Chemiker Friedlieb F. Runge entdeckt wurde.

Kaisergranat

Ist ein ca. 25 cm langer Krebs aus dem Mittelmeer mit einem daumendicken Schwanz und zwei kleinen Scheren. Er ist auch unter Langostino bekannt und seine korrekte Übersetzung ins Italienische lautet „Scampo". Kaisergranaten sind also die einzig echten Scampi, obwohl dieses Wort mittlerweile im Deutschen schon fast zum Synonym für Krustentiere aller Art verkommen ist. Shrimps, Riesengarnelen, Kingprawns und Gambas gehören aber zur rustikalen, billigeren und züchtbaren Art der Garnelen.

Kaisergranat mit Lauch und Trüffelschaum, S. 78

Kaviar mit Kaisergranaten und Algenvichyssoise, S. 92

Kakao

„Mandeln, welche Kakao heißen und in Neu-Spanien als Münzen gelten", entdeckte Columbus laut seinen Tagebüchern auf einem Handelsschiff der Indianer und schenkte dem kaum Bedeutung. Erst zwanzig Jahre später waren spanische Reisende von den indianischen Trinksitten so fasziniert, dass sie die traditionelle Kakaomasse der Azteken mit nach Hause nahmen. Wobei sie weniger am Getränk selbst – im kalten Wasser aufgeschlagener Kakaogrieß, der immer wieder aufgewirbelt werden musste – Gefallen fanden, sondern an den goldenen Bechern, aus denen es getrunken wurde. Während die Indios ihr Getränk mit Vanille, Honig, Agavensaft oder auch mit Chili würzten, bevorzugten die Spanier Anis, Zimt, Mandeln und Haselnüsse. Trotzdem war das Getränk kalt und recht bitter. Erst als man mit Zucker und Hitze zu operieren begann, konnte der Kakao in Europa seine Beliebtheit steigern. Zur Schokolade war es dann nicht mehr weit. *Siehe Schokolade, S. 124*

Kalb

Kalbfleisch zählt zu den so genannten weißen Fleischsorten und ist äußerst zart und mager. Es hat nicht nur einen hohen Genusswert, sondern ist auch ernährungsphysiologisch interessant: Es enthält enorm viel Eiweiß und wenig Fett und kann sich mit diesen Werten durchaus mit der Pute vergleichen. Besonders fein und weiß ist das Fleisch von Milchkälbern, die ausschließlich mit Milch aufgezogen wurden.

Kalbsbries mit Limetten und Kapern, S. 82
Kalbsbries im Spitzkraut mit Selleriesaft, S. 84

Kalbsjus

Dieser Kalbsjus ist Basis für andere Saucen.

50 g Butterschmalz, 2 kg Kalbsknochen, 1 Stange Lauch, 1 Zwiebel, 1/2 Sellerieknolle, 250 g Pelati-Tomaten, 1/8 l Weißwein, 2 Rosmarinzweige, 2 Thymianzweige, 2 Lorbeerblätter, 10 Pfefferkörner

In einer Kasserolle Butterschmalz erhitzen und die Kalbsknochen darin braun anrösten. Lauch, Zwiebel und Sellerie putzen bzw. schälen und grobwürfelig schneiden. Zugeben und mitrösten. Pelati-Tomaten einmischen und mit Weißwein ablöschen. Mit Wasser aufgießen, so dass alles bedeckt ist. Im Backrohr mindestens 4 Stunden lang köcheln lassen. In der letzten 1/2 Stunde Rosmarin- und Thymianzweige, Lorbeerblätter und Pfefferkörner zugeben und mitziehen lassen. Den Kalbsjus abseihen und über Nacht stehen lassen. Am nächsten Tag die harte Fettschicht abheben.

Kapern

Am feinsten schmecken ganz kleine Kapern, die gerade einmal so groß wie ein Pfefferkorn sind. Diese ganz kleinen, fest geschlossenen Kapernknospen nennt man auch „Nonpareilles". Erbsengroße Kapern sind entsprechend billiger und wegen ihres sehr starken Aromas zum Beispiel für Saucen wunderbar geeignet. Kapernbeeren sind die Früchte, die aus den Kapernknospen am Strauch entstehen. Sie werden samt Stängel in Essig eingelegt und sind zum Kochen nicht zu gebrauchen. Man isst sie pur zu Antipasti und darf sie deshalb auch ruhig als „mediterranes Essiggurkerl" bezeichnen.

Karamell

Ist nur ein anderes Wort für gerösteten Zucker. Wichtig beim Karamellisieren sind die richtige Hitze und Zuckerfärbung. Wenn man z. B. Früchte überzieht, sollte der Karamell heller sein. Für Saucen darf er ruhig dunkler ausfallen und schmeckt dann leicht herb-bitter.

Kardamom

Hanners Lieblingsgewürz

Wird aus den getrockneten Fruchtkapseln einer Ingwerstaude gewonnen, die hauptsächlich in Indien und Guatemala wächst. Ist eines der teuersten Gewürze der Welt, nur Safran und Vanille sind noch kostspieliger. Frisch gemahlener Kardamom riecht wie eine Mischung aus Eukalyptus und Minze, passt zu gebratenem Fisch oder Fleisch, auch Krustentiere und Gemüse profitieren vom exotischen Gewürz.

Kaisergranat
mit Lauch und Trüffelschaum

Kaisergranaten – auch Scampi genannt – im Format „Royal" sind die besten, die man auf internationalen Gourmet- und Fischmärkten bekommen kann. Diese besonders leichte Vorspeise kann man schnell und einfach vorbereiten! (Der Erdäpfelring ist da schon ein wenig aufwändiger. Sehen Sie ihn am besten als Fleißaufgabe an oder lassen Sie ihn einfach weg.)

4 Kaisergranaten „Royal"
1 kleine Knolle Périgord-Trüffel, frisch oder eingelegt
2 EL Olivenöl
Salz, Pfeffer

FÜR DAS LAUCHGEMÜSE
2 kleine Stangen Junglauch
1 EL Butter
1 EL Olivenöl
Prise Zucker
1 Schuss Champagner
Salz, Pfeffer

FÜR DEN TRÜFFELSCHAUM
20 g Butter
6 cl Madeira
2 cl Cognac
125 ml Milch
Salz, Pfeffer

FLEISSAUFGABE ERDÄPFELRING
1 großer Erdapfel
Rapsöl zum Frittieren

Den Schwanz der Kaisergranaten vom Kopf und aus der Schale lösen.
Aus der Périgord-Trüffel vier feine Streifen mit ca. 3 cm Länge schneiden und den Rest für den Trüffelschaum beiseite stellen. Mit einem kleinen Schnitt auf der Schwanzoberseite der Kaisergranaten den Darm entfernen und diesen mit je einem Trüffelstreifen ersetzen.
Die Schwänze mit Salz und Pfeffer würzen und mit Olivenöl beträufeln.
Mit Frischhaltefolie bedecken und im Backrohr bei ca. 85 °C 20 Minuten erwärmen. Der Schwanz sollte nur erwärmt werden und dabei glasig bleiben.
In der Zwischenzeit Lauch in Scheiben schneiden. Die Lauchscheiben in Butter und Olivenöl anschwitzen, dann mit einer Prise Zucker karamellisieren.
Mit Salz und Pfeffer würzen und mit einem Schuss Champagner abschmecken.
Die restliche Trüffel in Streifen schneiden. In einer Pfanne Butter erhitzen und die Trüffel darin anschwitzen. Mit Madeira und Cognac ablöschen und auf die Hälfte reduzieren. Mit Milch aufgießen, vom Herd nehmen und 1–2 Stunden zugedeckt ziehen lassen. Dann abseihen, mit Salz und Pfeffer würzen. Nochmals erwärmen und mit einem Milchaufschäumer oder einem Pürierstab aufschäumen.
Für den Erdäpfelring, falls vorhanden, mit einer Gemüsenudelschneidemaschine (Asiaten schneiden damit Rettich in hauchzarte Nudeln. Vielleicht fragen Sie Ihren Lieblingsjapaner, ob er die Erdäpfel für Sie schneiden kann) den geschälten Erdapfel in kleine Spaghettini schneiden. Diese sorgfältig um einen Metallring mit 10 cm Durchmesser und 4 cm Höhe wickeln und anschließend in heißem Rapsöl ausbacken. Auskühlen lassen und vom Ring abstreifen.
Das Lauchgemüse auf Tellern anrichten, Kaisergranaten darauf setzen, mit dem Trüffelschaum und Erdäpfelring garnieren.

WEIN 2003 CHARDONNAY, PAUL ACHS, GOLS
Burgundische Nase, würzig und mineralisch, lang

Käse

● **AFFINEUR** „Es ist unmöglich, ein Volk zu regieren, das 300 verschiedene Käse macht", sagte Charles de Gaulle einmal über die Franzosen. Deshalb gibt es dort wohl auch den schönen Beruf des Käse-Affineurs, damit wenigstens ein paar Connaisseure den Überblick bewahren. Einer der berühmtesten in dieser durchaus elitären Profession ist Maître Bernard Antony. Korrekt bezeichnet wird er als „Maître Affineur Fromager". Er sucht in ganz Frankreich nach den besten Käseproduzenten, kauft ihnen die Rohlinge ab, lässt sie im eigenen Käsekeller perfekt reifen und gibt sie dann an seine Kunden weiter. Und die Kundenliste von Maître Antony aus dem Elsässer Sundgau liest sich wie das „Who's who" der besten Köche der Welt – wir sagen nur Alain Ducasse, die Brüder Haeberlin oder Harald Wohlfahrt. Selbst der Staatspräsident lässt sich bei wichtigen Empfängen das Käsebuffet von Maître Antony zusammenstellen. Da er nur kleine Mengen zur Verfügung hat, sucht er sich seine Kunden genau aus. So gibt es z. B. vom seinem Epoisse nur 60 kleine Stücke pro Woche, die von einer 75-jährigen Bäuerin aus der Milch ihrer drei Kühe hergestellt werden. Auch Heinz Hanner wird vom Star-Affineur beliefert und sein Sohn Heinz Viktor wird im Sommer 2006 das Affinieren bei Maître Antony erlernen.

● **ANRICHTEN** Der ideale Käseteller ist rund. Was drauf liegt wird im Uhrzeigersinn stets aromatischer und pikanter. Beispiel: Man beginnt mit einem milden Frischkäse, dann folgt Weiß- oder Doppelschimmelkäse, ehe man zur würzigeren Rotschmiere umsteigt und mit einem Blau- oder Grünschimmelkäse für ein krönendes Finale sorgt. Hart- und Schnittkäse werden in dieser Runde je nach Reifungsgrad serviert.

● **HIGHLIGHTS** aus dem Programm von Maître Antony bei Hanner:

Bleu de Termignon Frankreich (Haute Maurienne), Kuh – Blauschimmel, wird auf einem Bauernhof des Dorfes Termognon produziert. Ist einer der wenigen Blauschimmelkäse, bei dem das *penicillium* für den Schimmel nicht geimpft wird, sondern natürlich entsteht.

Brin d'Amour Korsika, Schaf – ein leicht säuerlicher Weichkäse, der mit Wildkräutern (Pfefferkraut, Rosmarin, Wacholderbeeren) bedeckt ist, deren Aromen im Zuge der Reifung vom Käse aufgenommen werden.

Chèvre de race rove Frankreich (Drôme, Provence), Ziege – ein weicher Käse, der nach einer besonderen, vom Aussterben bedrohten Ziegenrasse aus dem Dorf Rove bei Marseille benannt ist. Schmeckt am besten frisch oder nur leicht gereift.

Citeaux Frankreich (Burgund), Kuh – weicher Käse mit rosafarbener Rinde, der seit Jahrhunderten von den Zisterziensermönchen des Klosters von Citeaux hergestellt wird.

Comté de Garde Exceptionnelle Frankreich (rund um Pontarlier), Kuh – 4 Jahre gereift, kommt von einer Genossenschaft bei Pontarlier, der zweithöchst gelegenen Stadt Frankreichs, wo sich auch die Reifekeller befinden. Für die Herstellung eines einzigen dieser riesigen Käselaibe braucht man immerhin 500 l Milch. Die meisten der Comtés sind nach einem Jahr auf ihrem Höhepunkt, nur einige wenige haben genug Potenzial, um lange zu reifen.

Munster des Vosges Frankreich (Vogesen), Kuh – die Munster-Herstellung stammt ursprünglich aus dem Elsass, wo das von Mönchen wohl gehütete Geheimnis von Generation zu Generation weitergegeben wurde. Der Munster aus den Vogesen ist fettreich und geschmeidig, schmeckt kräftig, jedoch ohne aggressiv zu sein.

Tome et briquette d'Elgine Frankreich (Champagne), Ziege – aromatischer Ziegenkäse in runder und eckiger Form, den die Familie Maury auf ihrem Bauernhof im kleinen Dorf Elgine herstellt.

Kaviar

Wird oft auch „Caviar" geschrieben. Ist der behandelte Rogen von Fischen und kann theoretisch von jedem weiblichen Fisch stammen. Als der „echte" bzw. als „schwarzes Gold" gilt jedoch der von den Stören aus dem Schwarzen, dem Asowschen und dem Kaspischen Meer. Frischer Kaviar ist hell und durchsichtig und wird erst durch Kochsalz und Konservierungsmittel schwärzlich. Als bester Kaviar gilt der anthrazitfarbene, grobkörnige „Beluga" vom gleichnamigen Stör. Von fast gleicher Qualität, jedoch schwärzer, hartschaliger und nussartig im Geschmack ist der „Ossietra". Unter Liebhabern begehrt sind auch außergewöhnliche Selektionen wie z. B. der goldbraun schimmernde Imperial Gold Caviar, ebenfalls vom Ossietra-Stör. Ideale Lagertemperatur: –2 °C, aber auf keinen Fall unter –4 °C. Das Luxusprodukt wird es allerdings nicht mehr lange geben. Schwarzfischerei, Schwarzhandel und windige Geschäftemacher haben den wertvollen Stör fast ausgerottet. Deshalb ist es Zeit, sich nach Alternativen umzusehen. Eine exotische Variante ist Wasabikaviar von Fliegenfischen. Der beste Kaviar in unseren Regionen wird derzeit in Österreich hergestellt. Saiblingskaviar von Sicher *(www.sicherrestaurant.at)* aus dem kärntnerischen Tainach gilt unter Topköchen und Gourmets als hochwertige Alternative. Gute Qualitäten gibt es auch vom Forellenkaviar.

Kochkurse bei Hanner

Interessierte Hobbyköche haben die Möglichkeit, bei Hanner ein bis zwei Tage mit der Brigade mitzukochen, hier sieht und lernt man alle Küchengeheimnisse.

Kochmützen

Werden hauptsächlich aus hygienischen Gründen getragen, damit nur ja kein Haar in die Suppe fällt. Hingen früher genauso schlapp vom Kopf wie andere Mützen. Erst als der Franzose Marie-Antoine Carême Anfang des 19. Jahrhunderts im Inneren der Kochmütze einen steifen Papierring montierte, erhob sich die Mütze aus ihrem schlaffen Dasein. Die höchsten Kochmützen ragen 30 cm in die Höhe, woraus man aber keine Rückschlüsse auf die Kochkunst des Trägers ziehen kann.

Krabbe

Ist biologisch gesehen eigentlich ein Krebs. Kulinarisch am interessantesten ist die amerikanische Blaukrabbe, die nach der Häutung als „soft shell crab", also ohne Panzer, als Delikatesse auf dem Teller landet.

Kalbsbries
mit Limetten und Kapern

Ein k. u. k. Klassiker. Die Kombination Kapern und Limetten war in der Monarchie der Gourmethit schlechthin. Sehr gut zu kombinieren auch mit Kalbsnaturschnitzel und heimischen Fischen.
Kleiner Tipp: Besondere Geschmacksnuancen erzielt man, wenn man anstatt der Kapern die kleinen Knospen von Löwenzahnblüten oder die Blütenknospen sowie die grünen Samen von der Kapuzinerkresse verwendet.

1 kg Kalbsbries
Salz
1 Schalotte, in Ringe geschnitten
2 Lorbeerblätter
10 Pfefferkörner
2 EL Estragonessig aus Hanner's Genussladen
125 ml Weißwein
2 Limetten
100 g Butter
2 EL eingelegte kleine Kapern
2 EL Kalbsjus (siehe S. 77)
frittierte Petersilie für die Garnitur

Das Kalbsbries ca. 3–4 Stunden unter fließendem Wasser wässern, damit es schön weiß wird.
2 l Wasser leicht salzen, Schalotte, Lorbeerblätter und Pfefferkörner, Estragonessig und Weißwein zugeben und aufkochen. Kalbsbries einlegen und ca. 15 Minuten lang ziehen lassen. Bries aus dem Sud heben, die Haut abziehen und in große Rosen teilen. Eventuell knorpelige oder flachsige Teile großzügig entfernen.
Limetten schälen und die Filets mit einem kleinen Messer zwischen den weißen Häutchen herausschneiden und beiseite stellen.
In einer Pfanne 80 g Butter erhitzen, Kalbsbries darin bei mittlerer Hitze langsam auf allen Seiten braten.
Kapern zugeben und mit einem Löffel die nun entstandene braune Butter ca. 6 Minuten lang über das Bries löffeln, bis das Bries außen schön braun und innen fast durch ist. Kurz vor dem Anrichten die Limettenfilets in die Pfanne geben und den Herd auf minimale Hitze zurückdrehen. Kalbsjus zugeben und 20 g kalte Butterwürfel einrühren.
Mit frittierter Petersilie anrichten, eventuell mit Erdäpfelpüree (siehe S. 126) servieren.

WEIN 2002 GRÜNER VELTLINER LAMM, HIRSCH, KAMMERN
Reife Äpfel, Birnen und Limetten, ausgeprägte Würze, viel Schmelz, mineralisch und dicht; sehr komplex

Kalbsbries
im Spitzkraut mit Selleriesaft

Kalbsbries bekommt man immer seltener. Beim Bries gibt es zwei Qualitäten: den hochwertigen großen, rundlichen Teil und den kulinarisch weniger brauchbaren kleinen und länglichen Teil. Bestellen Sie das Bries beim Fleischhauer Ihres Vertrauens rechtzeitig vor und verlangen Sie immer die beste Qualität, denn nur die macht wirklich Spaß!

1 kg Kalbsbries
400 g Entenleber
20 g Butter zum Anbraten
4 große Blätter Spitzkraut
4 lange Schnittlauchhalme
50 g braune Butter
Prise Zucker
2 Sellerieknollen
ev. etwas Maisstärke
100 ml warmer Kalbsjus
(siehe S. 77)
Salz, schwarzer Pfeffer aus der Mühle

Das Kalbsbries ca. 3–4 Stunden unter fließendem Wasser wässern, damit es schön weiß wird. Anschließend die Haut abziehen und in große Rosen teilen. Eventuell knorpelige oder flachsige Teile großzügig entfernen.
Die Entenleber von Häuten, Nerven und Adern befreien. In vier Blöcke mit ca. 3 x 3 x 6 cm Größe schneiden und kalt stellen. Den Rest in kleine Würfel schneiden.
Das Kalbsbries in Butter kurz anbraten. Die kleinen Entenleberwürfel zugeben, mit Salz und Pfeffer würzen und sofort vom Herd nehmen.
Die vier Krautblätter in wenig Salzwasser kurz überkochen. Mit Bries und Entenleberwürfeln füllen und einrollen. Schnittlauchhalme 1 Minute in Salzwasser kochen und die Krautblätter damit zubinden. In einen Dämpfer oder Dampfeinsatz legen und ca. 12 Minuten lang weich dämpfen. Anschließend in einer Pfanne mit brauner Butter schwenken und mit einer Prise Zucker karamellisieren. Zum Schluss mit Salz und Pfeffer abschmecken.
Die kalt gestellten Entenleberblöcke salzen und pfeffern. In einer heißen beschichteten Pfanne ohne Fett auf allen Seiten kurz grillen. Aus der Pfanne heben und beiseite stellen.
Sellerieknollen entsaften, aufkochen und auf die Hälfte einreduzieren. Selleriesaft mit Salz und Pfeffer abschmecken, eventuell mit wenig Maisstärke leicht binden.
Die Kalbsbriespackerl mit der gegrillten Entenleber anrichten, mit Kalbsjus und dem Selleriesaft servieren.

WEIN 2004 MORILLON PÖSSNITZBERG, SABATHI, LEUTSCHACH
Zart duftig, weiße Äpfel, Mandeln und Zitrusnoten, gut strukturiert und sehr frisch

Koriander

Zwei Arten von Koriander sind in der Küche üblich: Der frische Koriander, den man ähnlich wie Petersilie verwendet. Weil die Stängel des Koriandergrüns so dünn sind, kann man sie ruhig mithacken. Und die getrockneten Samen der Pflanzen, die ganz oder gemahlen verwendet werden. In letzterem Zustand ist Koriander auch Bestandteil der meisten Currygewürzmischungen.

Kracher, Alois
Winzer

Österreich hat einen einzigen Winzer, der ein Weltstar ist: Alois Kracher. Der Burgenländer hat in den 1990er-Jahren in Sachen Edelsüßwein einen fulminanten Aufstieg hingelegt, der ihm Respekt und Anerkennung seitens der kompletten Weinwelt brachte. Dass sich Österreichs Edelsüße hinter keinem Süßwein der Welt zu verstecken brauchen – ob Sauternes, Mosel oder Tokaj –, hat man hierzulande immer schon gewusst. Das Verdienst hingegen, diese Tatsache auch der restlichen Weinwelt mit einem Schlag bekannt gemacht zu haben, das gebührt Alois Kracher uneingeschränkt. Furchtlos zog er in die Metropolen der Weinwelt – Paris, London, New York – und ließ seine Weine gegen Yquem und Co. aufmarschieren. Das Ergebnis war ein Sieg auf allen Linien. Dazu kam die geniale Idee, die Trockenbeerenauslesen seit dem Jahrgang 1995 durchzunummerieren, was dem (vor allem amerikanischen) Trend zur einfacheren Erfassbarkeit voll entgegenkommt. Für den Weinfreund ist es somit völlig einfach: Wo Kracher und eine Zahl draufstehen, ist edelsüße Weltklasse drin. *Apetloner Straße 37, 7142 Illmitz, Tel.: 02175/33 77, www.kracher.at*

Krug, Gustav
Winzer

Für österreichische Verhältnisse ist das Weingut, das bei 14 Hektar Eigenbesitz Trauben von insgesamt 20 Hektar vermarktet, mittelgroß, im internationalen Konzert freilich klein. Der Anteil Weiß zu Rot liegt bei 3 : 2. Bei den Weißweinen – Welschriesling, Chardonnay, Rotgipfler, Zierfandler, Grüner Veltliner, Sauvignon Blanc und Grauburgunder – praktiziert Gustav Krug eine gekühlte Gärung im Stahltank. Rotweine – Merlot, Zweigelt, Pinot Noir und Cabernet Sauvignon – werden teils klassisch, teils im neuen Holz ausgebaut. „Die Versuchung" aus neuem Holz gibt's in Weiß (Pinot Gris) und Rot (Cabernet, Zweigelt, Pinot Noir), darüber steht nur mehr der rote „Privat", den es als Cuvée und als reinsortigen Cabernet Sauvignon gibt. Die obligate Buschenschank (seit 1970) ist hier zu einem veritablen Heurigenimperium gewachsen, wobei man den gewaltigen Vorteil der historischen Bausubstanz des „Alten Zechhauses" nutzen konnte. Allerdings, so Gustav Krug: „Es war uns immer ein Anliegen, keine baulichen Veränderungen vorzunehmen, um den historischen Charakter zu bewahren." *Kirchenplatz 1, 2352 Gumpoldskirchen, Tel.: 02252/622 47, www.krug.at*

Küche bei Hanner

Funktion und Design auf 180 m² – die Küche als kreativer Raum: Heinz Hanner verfügt über eine der modernsten und innovativsten Küchen des Landes. Mit neuester Technologie und Naturmaterialien ausgestattet und einem weiten Blick auf die Landschaft wurde ein adäquates Umfeld geschaffen, das die Inspiration neuer kulinarischer Kreationen fördert.

Karree vom Rehrücken
mit Dirndln heiß geliert, Couscous und Passionsfrucht

„Mit Dirndln heiß gelieren" klingt kompliziert, funktioniert aber sehr einfach mit einer neuen, hocharomatischen Technik! Wir bestreuen die Geleekruste noch leicht mit Orangenbröseln, die mit gerösteten Haselnussstücken, Maldonsalz und Szechuan-Pfeffer (auch Anispfeffer oder Zitronenpfeffer genannt) gewürzt werden.

1 Rehrücken (à 1,2 kg)
20 g Butter
4 Wacholderbeeren
Salz, Pfeffer

FÜR DIE ORANGENBRÖSEL
Zesten von 1 Orange
10 g Weißbrotbrösel
1 TL Maldonsalz
1 Zweig Rosmarin, fein gehackt

FÜR DAS COUSCOUS
250 g Couscous
100 g Cranberries (oder frische Preiselbeeren)
20 g Butter
1 TL Demerara-Zucker
Saft von 1 Passionsfrucht
1 Msp. Kardamom
1 Rosmarinzweig, fein gehackt
Salz, Pfeffer

FÜR DIE PASSIONSFRUCHTSAUCE
1 EL Demarara-Zucker
Saft samt Kernen von 2 Passionsfrüchten
1 TL Arganöl

ZUM GELIEREN
200 g Dirndlgelee
4 cl Rotwein
2 cl Portwein
5 g Agar-Agar
2 cl Le Gin

Den Rehrücken von allen Knochen bis auf vier Rippenknochen befreien. Dieses Karree mit Salz und Pfeffer würzen. In einem Bräter Butter erhitzen, Wacholderbeeren zugeben und das Karree darin anbraten. Dann im Backrohr bei 150 °C ca. 7 Minuten lang fertig braten. Herausnehmen, in Alufolie wickeln und rasten lassen.
Für die Orangenbrösel Orangenzesten mit Weißbrotbröseln vermischen und im Backrohr bei 80 °C trocknen. Dann fein mahlen, mit Maldonsalz und Rosmarin mischen.
Das Couscous mit kaltem Wasser bedecken und 10 Minuten stehen lassen. Anschließend 10 Minuten weich dämpfen, salzen und pfeffern.
Cranberries in Scheiben schneiden. In einer Kasserolle Butter erhitzen und Cranberries darin anschwitzen. Mit Zucker bestreuen, leicht karamellisieren und mit Passionsfruchtsaft ablöschen. Unter das Couscous mischen, mit Kardamom und Rosmarin würzen.
Für die Passionsfruchtsauce Zucker schmelzen, mit dem Passionsfruchtsaft ablöschen, kurz mit einem Pürierstab mixen und mit Arganöl abschmecken.
Kurz vor dem Servieren Dirndlgelee mit Rotwein, Portwein und Agar-Agar unter ständigem Rühren einkochen. Mit Le Gin abschmecken.
Das Rehkarree mit dem heißen Dirndlgelee bestreichen (sollte sehr schnell gehen, da das Gelee schnell fest wird) und mit Orangenbröseln bestreuen. In Scheiben schneiden, mit dem Couscous und der Passionsfruchtsauce auf Tellern anrichten.

WEIN 2002 BLAUFRÄNKISCH REIHBURG, UWE SCHIEFER, WELGERSDORF
Deutliche Brombeeraromen mit Gewürz- und Holznoten

Karree vom Milchkalb
mit Morchelrahm, Salbeijus und Pommes Soufflées

Das Rezept für richtige Fleischtiger, da echte Milchkälber in Österreich immer mehr zur Rarität werden. Das Kalbfleisch am besten rechtzeitig bei Ihrem Fleischhauer vorbestellen!

1 Kalbskarree (à 800 g)
$^{1}/_{16}$ l Olivenöl
40 g Butter
100 g Morcheln
$^{1}/_{4}$ l Obers
$^{1}/_{4}$ l Kalbsjus (siehe S. 77)
$^{1}/_{8}$ l Portwein
2 Salbeizweige
Salz, Pfeffer

FÜR DIE POMMES SOUFFLÉES:
2 große mehlige Erdäpfel
Rapsöl zum Frittieren
Salz

Kalbskarree gut salzen und pfeffern. In einer Pfanne Olivenöl mit 20 g Butter erhitzen und Karree darin anbraten. Anschließend im Backrohr bei 120 °C ca. 20 Minuten lang fertig braten. Herausnehmen und rasten lassen.
Für den Morchelrahm die Morcheln in 20 g Butter anschwitzen und Obers zugießen. So lange köcheln bis das Obers um ein Drittel einreduziert ist. Vom Herd nehmen, salzen, pfeffern und mit dem Pürierstab mixen.
Für den Salbeijus Kalbsjus mit Portwein und Salbeiblättern vermischen und 15 Minuten lang ziehen lassen.
Für die Pommes Soufflées Erdäpfel schälen und in 3 mm dicke Scheiben schneiden. In einer Pfanne Rapsöl auf 100 °C erhitzen, Erdäpfel darin pochieren. Herausnehmen und abtropfen lassen. Dann Öl auf 170 °C erhitzen und Erdäpfel darin fertig frittieren. Herausnehmen und sofort salzen.
Kalbskarree vom Knochen trennen und in Scheiben schneiden.
Mit dem Morchelrahm auf Tellern anrichten und mit Salbeijus umgießen. Pommes Soufflées extra dazu servieren.

WEIN 2003 IN SIGNO LEONIS, HERIBERT BAYER, NECKENMARKT
Dunkle, reife, saftige Beerenaromen, warme Gewürznoten, weich und komplex

Kaviar
mit Kaisergranaten und Algenvichyssoise

Mit bestem Stör-Kaviar und Kaisergranaten „Royal" zaubern Sie mit ein paar Handgriffen die Sommervorspeise Nr. 1. Eine kühle, erfrischende Meeresbrise mit einem Hauch von Luxus!

1/2 Stange Lauch
1 mittelgroße Kartoffel
1 Stangensellerie
3 EL Olivenöl
20 g Butter
500 ml Gemüsefond oder Suppe
500 g Obers
500 g Meeralgen
4 Kaisergranaten (Langostinos)
Maldonsalz
50 g Meerbohnen
50 g Belugakaviar
Salz, Pfeffer

Lauch waschen und in Ringe schneiden. Die Kartoffel schälen, waschen und würfelig schneiden. Die Selleriestange putzen, waschen und in Scheiben schneiden.
2 EL Olivenöl mit der Butter in einer Pfanne erwärmen, den Lauch, die Kartoffelwürfel und den Stangensellerie bei kleiner Hitze darin anschwitzen. Mit Gemüsesuppe aufgießen und alles ca. 30 Minuten lang weich köcheln. Anschließend vom Herd nehmen, pürieren und Obers einmischen. Am Herd wieder kurz aufkochen und die Meeralgen zugeben. An den Herdrand stellen, zudecken und ca. 45 Minuten ziehen lassen. Danach abseihen und mit Salz und Pfeffer abschmecken. In tiefe Teller füllen und abkühlen lassen. Die Algenvichyssoise für mindestens 5 Stunden im Kühlschrank gut durchkühlen lassen.
Die Kaisergranaten ausbrechen, vom Darm befreien und unter fließendem lauwarmen Wasser spülen. Leicht mit einigen Tropfen Olivenöl, Maldonsalz und Pfeffer aus der Mühle würzen. Im Backrohr oder unter dem Grill kurz vorsichtig erwärmen.
Die Meerbohnen waschen, auf der Algenvichyssoise mit je 1 Kaisergranate, 1 Löfferl Belugakaviar und ein paar Tropfen Olivenöl anrichten.

WEIN 2005 CHARDONNAY, HAIDEN, OGGAU
Sehr frisch und mineralisch mit eleganten Apfel-Zitrus-Aromen

L LAMMKARREE

Lammkarree vom Holzschlag
mit Fenchel und Rosmaringnocchi

1 kg Lammknochen
100 g Butterschmalz
1 EL Tomatenmark
$^1/_8$ l Rotwein
4 Wacholderbeeren
1 Rosmarinzweig
2 Thymianzweige
2 Knoblauchzehen
4 Rückenstücke vom Lamm (à 120 g)
2 g Butter, 1 EL Olivenöl
Meersalz, Pfeffer aus der Mühle

FÜR DEN CHINESISCHEN KNOBLAUCH
4 Stück chinesischer Knoblauch
20 g Butter
Saft von 1 Orange
$^1/_4$ l Wasser
1 Wacholderbeere
1 Rosmarinzweig

FÜR DEN FENCHEL
2 Fenchelknollen
2 cl Olivenöl
1 Lorbeerblatt
3 Safranfäden
4 cl Orangensaft
2 cl Zitronensaft
2 cl Pernod

FÜR DAS ROSMARINÖL
5 Rosmarinzweige
150 ml Olivenöl
1 g Maldonsalz

FÜR DIE ROSMARINGNOCCHI
125 g mehlige Erdäpfel
1 Rosmarinzweig
125 g Magertopfen
2 EL glattes Mehl
25 g Parmesan, 1 Ei
20 g Butter
Salz, Pfeffer

Zarte Milchlämmer gibt es vermehrt rund um Ostern. Fragen Sie Ihren Fleischhauer rechtzeitig nach österreichischen Milchlämmern! Der Geschmack ist unübertroffen und unvergesslich. Da das Fleisch besonders hell ist, lässt es sich auch schön zart-rosa braten!

Für die Lammsauce die Knochen in einen Bräter mit Butterschmalz legen und im Backrohr bei 180 °C goldgelb braten. Herausnehmen und auf den Herd stellen. Tomatenmark einmischen und kurz durchrösten. Mit Rotwein aufgießen und langsam einreduzieren. Dann mit 30 ml Wasser auffüllen und die Wacholderbeeren zugeben. Aufkochen und ca. 1 Stunde lang köcheln lassen. Danach Rosmarinzweig, Thymianzweige und Knoblauchzehen einlegen, um ein Drittel einkochen und abseihen. Das Backrohr in der Zwischenzeit auf 100 °C zurückdrehen.
Den chinesischen Knoblauch in der Schale kurz in Butter anrösten. Mit Orangensaft und einem Drittel der Wassermenge aufgießen. Im Backrohr bei 100 °C 30 Minuten lang weich schmoren und dabei immer wieder mit dem restlichen Wasser untergießen. In den letzten 10 Minuten Wacholderbeere und Rosmarinzweig zum Mitschmoren zugeben.
Fenchelknollen in Scheiben schneiden und in Olivenöl anschwitzen. Lorbeerblatt und Safranfäden zugeben, mit Orangen- und Zitronensaft ablöschen. Zudecken und im Backrohr bei 100 °C 10 Minuten lang weich schmoren. Zum Schluss mit Pernod abschmecken.
Für das Rosmarinöl abgezupften Rosmarin mit Olivenöl und Maldonsalz im Mixer ganz fein pürieren. In Flaschen abfüllen und kühl lagern.
Die vier Lammrückenstücke mit Meersalz und Pfeffer würzen, in einer Pfanne mit Butter und Olivenöl beidseitig anbraten. Herausnehmen, in Alufolie wickeln und im Backrohr bei 100 °C ca. 10 Minuten rasten lassen.
Für die Rosmaringnocchi Erdäpfel kochen und schälen, Rosmarin fein hacken. Beides mit dem Topfen, dem Mehl, dem Parmesan und dem Ei leicht verkneten, mit Salz und Pfeffer würzen. Mit einer Gabel Gnocchi aus dem Teig formen und so lange in Salzwasser kochen, bis sie an der Oberfläche schwimmen. Herausheben und in heißer, gebräunter Butter schwenken.
Lammkarrees in Scheiben schneiden und mit dem Fenchel, dem chinesischen Knoblauch und den Gnocchi auf heiße Teller legen. Mit Lammsauce und Rosmarinöl beträufeln.

WEIN 2002 DIE VERSUCHUNG, KRUG, GUMPOLDSKIRCHEN Duft nach Vanille, Kräutern, Beeren und Kirschen, ausgeprägte Gewürze und Kraft am Gaumen

Lamm
Lämmer gehören zu den wenigen Tieren, die mit Garantie im Freien auf den Weiden aufwachsen. Je jünger die Tiere sind, umso zarter ist das Fleisch. Milchlämmer werden im Alter von 5 bis 8 Wochen mit einem Gewicht von bis zu 10 Kilogramm geschlachtet. Da sie sich bis zu diesem Zeitpunkt lediglich von Milch ernähren, ist das Fleisch hellrosa. Klassisches Lammfleisch stammt von jungen Schafen, die höchstens acht Monate alt sind. Ihr Gewicht beträgt dann zwischen 15 und 24 Kilogramm, das Fleisch ist aromatisch und würzig. Schaf- oder Hammelfleisch, das von älteren, weiblichen oder männlichen kastrierten Tieren stammt, wird in Österreich kaum angeboten und hat hier auch keine kulinarische Tradition. Schulter, Keule und Haxen sind für langsames Braten im Rohr perfekt geeignet. Aufpassen muss man beim Lammrücken, der unbedingt innen noch rosa sein sollte, sonst wird er zu trocken. *Lammkarree vom Holzschlag, S. 94*

LandArt
Spezieller Zuchtbetrieb im Unterach am Attersee, in dem Atterochsen, Enten, Gänse, Waldschweine, Atterhähne, Lämmer, Kitze und Wild artgerecht aufgezogen werden. Die Tiere leben überwiegend im Freien und wachsen langsam in ihrem natürlichen Umfeld auf. Da LandArt in erster Linie dem guten Geschmack verpflichtet ist, erhalten die Tiere alles, was ihren Geschmack positiv beeinflusst, auf moderne Rassen und Züchtungen wird sowieso verzichtet.
Egelseestraße 47, 4866 Unterach, www.landart.at

Languste
Eine Verwandte des Hummers und ein echter Zehnfüßer ohne Scheren, dafür mit Antennen ausgestattet. Die europäische Languste kommt von der Atlantikküste oder aus dem Mittelmeer und ist nach dem Hummer das teuerste Krustentier.

Lavendel
Kommt oft in der südfranzösischen Küche zum Einsatz und ist fixer Bestandteil der legendären „Herbes de Provence"-Gewürzmischung. Sollte nur bei robusten Gerichten eingesetzt werden, da sein Geschmack leicht aufdringlich und dominant ist. Ist getrocknet auch als Mottenabschreckung in Kleiderschränken bekannt.

Le Gin von Graf Kœnigsegg
Der neue österreichische Spitzen-Gin schlechthin. Nimmt es mit den edelsten der englischen Vertreter von Wacholderschnäpsen locker auf und wäre sicher Queen Mums Lieblings-Gin geworden.
Le Gin Tonic Granité, S. 98

Liebstöckel

Schmeckt nach Maggi, riecht nach Maggi, wird sogar Maggikraut genannt, ist aber in der gleichnamigen Suppenwürze gar nicht vorhanden. Liebstöckel kommt aus dem Mittelmeerraum, wo es aber kaum mehr verwendet wird. Dabei sind die Blätter des Küchenkrauts von starker Würzkraft, denen sogar aphrodisierende Wirkung nachgesagt wird. Tipp: In den letzten zehn Minuten der Kochzeit von Suppen mitziehen lassen und man erspart sich die oben genannte Suppenwürze!

Limette

Die kleine grüne Schwester der Zitrone ist wesentlich aromatischer und exotischer. Weitere Vorteile: mehr Saft, keine Kerne und in der Regel eine unbehandelte Schale.

Litschauer, Jan

Seit zwanzig Jahren zuverlässiger Lieferant von Hanner, der täglich für Nachschub von Trüffeln, Gänse- und Entenleber, Olivenöl, Kräutern, Gemüse und Obst sorgt. Seit kurzem führt seine Tochter Doris Zsiga den Laden. *Wienerbergstraße 14, 2513 Möllersdorf*

Lorbeer

Küchengewürz mit symbolträchtiger Geschichte. Der griechische Gott der Kunst und Wissenschaft, Apoll, trug den Lorbeerkranz zum Gedenken an einen erotischen Flop: Die Nymphe Daphne ließ sich von den Göttern lieber in einen Lorbeerbaum verwandeln als sich von Apoll verführen zu lassen. Bei Cäsar hingegen war es schlichte Eitelkeit, die ihn seine Glatze unter dem Lorbeerkranz verstecken ließ. Olympische Sportler der Antike wurden ebenso mit einem Lorbeerkranz geehrt wie Dichter und durften sich sprichwörtlich auf diesem Ruhm auch nicht ausruhen. In der Küche wird das Blatt des immergrünen Lorbeerbaumes zum Schmoren und bei längeren Kochprozessen eingesetzt, da es sein Aroma ganz langsam entfaltet. Frische Blätter schmecken feinherb bis bitter. Beim Trocknen verlieren sie den bitteren Geschmack, dafür verstärkt sich die Würzkraft.

Löwenzahn

Am besten schmecken die jungen und zarten Blätter. Für einen Löwenzahnsalat eignet sich besonders Walnussöl zum Marinieren, das den nussig-bitteren Geschmack der Blätter perfekt unterstützt. Die kleinen geschlossenen Knospen kann man wie Kapern einlegen, die Blüten nimmt man für Salate und zum Aromatisieren von Sirup, Honig und Essig.

Le Gin Tonic Granité

Der After Dinner Drink-Klassiker einmal gefrostet und besonders leicht herzustellen. Am besten gleich mehr für die heißen Tage machen!

40 g Zucker
$^1/_4$ l Tonic
$^1/_{16}$ l Le Gin
Saft von 2 Limetten

Zucker in Tonic mit Gin auflösen und mit dem Limettensaft abschmecken. In eine flache Schale füllen und im Tiefkühler frieren lassen. Dabei alle 20 Minuten mit einer Gabel durchrühren, damit sich kleine Eiskristalle bilden können.

Madeira

Langlebiger Wein von der gleichnamigen Insel im Atlantik, der im Alter immer besser wird. Sein Geheimnis: Aus Trauben wird normaler Wein hergestellt, der mit Rohrzuckerschnaps verschnitten wird. Dadurch hat Madeira den hohen Alkoholgehalt von 18 bis 20 Prozent, der ihn stabilisiert. In Hanners Weinkeller finden sich die besten Madeiras aus den 30er Jahren des letzten Jahrhunderts. Einfachere Weine werden zum Kochen verwendet und eignen sich ausgezeichnet zum Einkochen von Périgord-Trüffel.

Mais

Grundnahrungsmittel, von dem laut der FAO (Food and Agriculture Organisation) im Jahr 2004 weltweit mit 705 Millionen Tonnen mehr produziert wurde als Weizen (624 Millionen Tonnen) und Reis (608 Millionen Tonnen). Ist ein guter Ersatz für alle Arten von Mehl bei Gluten-Unverträglichkeit.

Maldonsalz

Kommt aus England und entsteht beim Salzsieden von Meerwasser an der Oberfläche, die abgeschöpft wird. Ein sehr flockiges Salz, das sich nur langsam auflöst und erst nach und nach sein Aroma und seine Würzkraft freigibt. Steht bei Hanner zum Nachwürzen auf jedem Tisch.

Mayerling

Was geschah wirklich in der Nacht vom 29. auf den 30. Jänner 1889 im Jagdschloss Mayerling? Eine der Lieblingsfragen der österreichischen Geschichte und immer wieder als Filmstoff gut. (Aktuell: eine Version unter der Regie von Robert Dornhelm). Tatsache ist: In dieser Nacht starben der österreichische Kronprinz Rudolf und seine Geliebte Baronesse Mary Vetsera durch Schüsse aus einer Pistole. Die am nächsten liegende Vermutung: Mord und Selbstmord.

Meetingpoint

So nennt sich die Tagungswelt bei Hanner. Sie ist mit einer Zugangskontrolle geschützt und sichert so den Tagungsgästen eine ungestörte Atmosphäre. Ausgestattet mit moderner Technik stehen zwei Räume für maximal 25 Personen, ein Gruppenraum für 18 Personen und ein Executive Room für zwölf Teilnehmer zur Verfügung. Dazu gibt es einen Tagungsgarten mit überdachter Terrasse. Seit 2006 kann auch im Kräutergarten getagt werden.

Melone

Zuckermelonen werden bereits seit Jahrtausenden kultiviert, und im Laufe der Zeit ist eine Vielfalt an Sorten entstanden, von denen heute etwa 500 Sorten eine wirtschaftliche Bedeutung erlangt haben. Melonen gehören übrigens aus botanischer Sicht zur Familie der Kürbisgewächse.
Nach ihren äußeren Merkmalen werden Zuckermelonen wie folgt eingeteilt:
Warzenmelone Deutlich an der gerippten oder mit Warzen bedeckten Schale zu erkennen. Oft auch unter dem Namen Cantaloupe-Melone im Handel. (Der Name kommt vom Ursprungsort Cantalupo bei Ascona in Italien.)

Netzmelone Zu erkennen an ihrem weißlichen bis hellbraunen korkartigen Netz auf der Schale. Das orange bis grüne Fruchtfleisch ist sehr aromatisch.
Honigmelone Glattschalige oder nur leicht gefurchte Schale. Das Fruchtfleisch ist weißlich bis zartgrün.

Mengenangaben

„... es fängt mit den einfachsten Worten an. Wie groß ist ein ‚Stück', wie umfangreich eine ‚Prise' oder eine ‚Messerspitze', wann wird aus ‚ein paar Tropfen' ein veritabler Regen? Ist eine ‚Tasse' ein unbestimmter, allgemeiner Begriff oder eine genau definierte amerikanische Maßeinheit? Warum sollen wir ein ‚Weinglas' von irgendwas angießen, wenn es Weingläser in so vielen verschiedenen Größen gibt? ..."
Julian Barnes in „Fein gehackt und grob gewürfelt" (Kiepenheuer & Witsch)

Merlot

Meistangebaute rote Rebsorte in Bordeaux, ergibt feine, dunkelbeerenaromatische Weine, die teils allein, meistens aber als Teil einer Cuvée ins Holzfass und auf die Flasche kommen.

Mohn

War bei unseren Vorfahren ein begehrter Rohstoff und kommt in zahlreichen Rezepten aus der Zeit der österreichisch-ungarischen Monarchie vor. Das österreichische Mohnzentrum war und ist das Waldviertel. Bis 1934 notierte der „Zwettler Mohn" an der Londoner Warenbörse, danach brach das Geschäft durch Billig-Importe aber völlig zusammen. Erst seit den 1980er Jahren erlebt die uralte Kulturpflanze wieder ein Comeback.

MAN UNTERSCHEIDET:
Blaumohn, der zum Garnieren, wie z. B. bei Mohnweckerln, verwendet wird
Weißmohn, der sich mit seinem nussigen Geschmack für Desserts eignet
Graumohn, die beste und intensivste Sorte, die universell einsetzbar ist

Molekulargastronomie

Befasst sich mit den biochemischen und physikalisch-chemischen Prozessen bei der Zubereitung und beim Genuss von Speisen. Der Begriff wurde in den 1990er Jahren vom französischen Physikochemiker Hervé This eingeführt, der das Ziel dieser angewandten Wissenschaft so benennt: althergebrachte Rezepte zu erklären, sie womöglich zu verbessern und mit den dabei gewonnenen Erkenntnissen neue Rezepte zu kreieren. Der erste, der sich wissenschaftlich mit Kochvorgängen beschäftigte, war Nicholas Kurti, von dem auch der Satz stammt: „Es ist absurd, dass wir mehr über die Temperatur im Zentrum der Sonne wissen, als über jene im Inneren eines Soufflés." Seither wird in den Küchen mit chemischen Techniken experimentiert, um völlig neue Geschmacks- und Substanzerlebnisse zu erzielen. Auch bei Hanner stehen moderne Techniken wie Frieren bzw. Grillen bei –195 °C mit flüssigem Stickstoff oder neue Hilfsmittel wie Alginat und Calciumchlorid auf der Tagesordnung. Eingesetzt werden diese aber sehr sorgfältig und nur dann, wenn es wirklich Sinn macht, denn die klassische Küche ist dem Küchenchef und seinen Gästen doch sympathischer.

M MILCHKALB

Milchkalb
mit gebackenem Erdäpfelpüree und Kräutersalat

Angeregt von der französischen Speise „Hachis Parmentier" ist diese Kreation 1993 entstanden. In einer großen Backform oder Schüssel ist das gebackene Erdäpfelpüree leicht vorzubereiten und besonders für Familien oder größere Runden geeignet!

FÜR DAS GEBACKENE KARTOFFELPÜREE
200 g mehlige Erdäpfel, gekocht und passiert
75 ml Milch
10 g Butter
Muskatnuss
4 Strudelblätter
250 g gehacktes Kalbfleisch
Salz, Pfeffer

4 Medaillons vom Kalbsfilet (à 100 g)
20 g Butter
Saft von 1/2 Zitrone
4 Salbeiblätter
1/4 l Kalbsjus (siehe S. 77)
Kräuter und Salate der Saison

Für das Erdäpfelpüree Erdäpfel schälen, kochen und passieren. Mit Milch, 5 g Butter, Muskatnuss, Salz und Pfeffer über Dampf aufschlagen und auskühlen lassen. Restliche Butter zu Nussbutter bräunen. Vier kleine Kasserollen mit der Nussbutter ausstreichen und mit Strudelteig auslegen. Dann jeweils mit etwas Püree füllen. In die Mitte das gehackte, mit Salz und Pfeffer gewürzte Kalbfleisch platzieren und mit Erdäpfelpüree bedecken. Die Strudelblätter darüber zusammenfalten und verschließen. Im Backrohr bei 200 °C 20 Minuten backen.
Die Kalbsfilets in Butter gut anbraten. Dann im Backrohr bei 120 °C noch 8 Minuten fertig braten. Den Bratenrückstand mit Zitronensaft und Salbei aromatisieren, etwas Kalbsjus zugießen.
Kräuter und Salate putzen, je nach Geschmack marinieren.
Das gebackene Erdäpfelpüree ausstechen, mit dem Kalbfleisch in der Tellermitte anrichten und mit der Sauce beträufeln.
Den Kräutersalat extra dazu servieren.

WEIN 2004 DAS PHANTOM, KIRNBAUER, DEUTSCHKREUTZ
Vielschichtige Nase mit Waldbeer-Preiselbeer-Noten, feine Röstaromen und zart florale Anklänge, sehr finessenreich und langer Abgang

Morcheln
Vom Schlauchpilz mit der wabenartigen Kappe gibt es in Österreich zwei genussfähige Arten: die „gemeine Speisemorchel" und die „Spitzmorchel", die intensiver schmeckt. Allgemein gilt: Je dunkelbrauner die Morchel, umso größer ihr Aroma, daher werden sie auch zum Würzen von Saucen nur sparsam eingesetzt. Eine regionale Spezialität ist die Morchel aus den Donauauen mit weißem Stiel und kleinem Käppchen.

Muscheln
Keine Angst vor Muscheln! Es ist wirklich ganz leicht festzustellen, ob sie gut sind oder nicht.

1. Nur in den Monaten mit „r" kaufen. Da sind die Wassertemperaturen so moderat, dass die Gewässer sauber und klar sind. In der heißen Jahreszeit erwärmt sich auch das Meer, was die Entstehung toxischer Algen begünstigt, die wiederum die Muscheln ungenießbar machen.
2. Muscheln müssen nach frischem Meerwasser riechen.
3. Muscheln müssen fest verschlossen sein oder sich bei leichtem Anklopfen sofort schließen. Offene Muscheln vor dem Kochen sofort aussortieren.
4. Beim Kochen hingegen müssen sich die Muscheln öffnen. Verschlossene Muscheln nach dem Kochen wegwerfen.

Muskatnuss
Ein Viertel der Weltproduktion stammt von der kleinen karibischen Insel Grenada, der Rest kommt von den Molukken. Beim Würzen mit Muskatnuss ist Vorsicht angebracht: Zum einen kann eine Spur zu viel davon recht penetrant schmecken, zum anderen führt eine höhere Dosis Muskatnuss zu Rauschzuständen und Vergiftungen. Dafür müsste man allerdings einige ganze Nüsse verzehren, wovon einen allein schon der Ekel abhält. Besonders fein zum Aromatisieren (z. B. von Rotweinbutter) ist auch die Muskatblüte.

Muskat-Ottonel
Verwandter des Gelben Muskatellers, weniger auf der pikanten, eher auf der weich-rund-muskatigen Seite angesiedelt. Grandios im edelsüßen Bereich.

Nelken

Gewürznelken passen nicht nur gut zu Apfelgerichten und anderen Süßspeisen, man kann damit auch hervorragend Fleisch und Gemüse aromatisieren. Sparsamer Einsatz ist hier die Tugend!

Neuburger

Österreichs trockenheitsresistenteste Sorte ist – wegen der eher neutralen Aromatik und dem Ausbau der Beregnungsanlagen – auf dem Rückzug. Gereifte Flaschen überzeugen durch ungeahnte Haltbarkeit, die in die Jahrzehnte gehen kann.

Nitsch, Hermann

KUNST BEI HANNER

Jahrgang 1938, lebt und arbeitet in Prinzendorf an der Zaya im Weinviertel. Ist zur Zeit einer der international erfolgreichsten Künstler Österreichs, der vor allem mit seiner Ausstellung in der berühmten Privatsammlung „Saatchi Collection" in London für Aufsehen sorgte. Nitsch beschäftigt sich auf sehr unmittelbare und existenzielle Weise mit dem Themenkreis „Tod und Wiedergeburt", bewusste Lebensbejahung vor dem Hintergrund der Endlichkeit.

Noilly Prat

Natürlich kann man irgendeinen trockenen Wermut zum Kochen nehmen, Profiköche greifen aber nur zu Noilly Prat. Dieser äußerst trockene Wermut wird in der kleinen französischen Hafenstadt Marseillan, 10 Kilometer östlich von Marseille, produziert. Die genaue Rezeptur ist geheim, besteht aber aus lokalen Weißweinen, einer Kombination aus Kräutern und Gewürzen sowie etwas Destillat. Zum Kochen ist er wohl deshalb so gut geeignet, weil im Gegensatz zu den süßlich-spritiger anmutenden Konkurrenzprodukten beim Noilly Prat das fruchtige Weinaroma dominiert.

Nougat

Muss vor dem Verarbeiten formbar gemacht werden. Am besten schmilzt man Nougat im Wasserbad bei ganz schwacher Hitze bis er lippenwarm ist, also auf maximal 35 °C erwärmen.

Nuss

Nicht alles, was unter Nuss fällt, ist botanisch gesehen wirklich eine Nuss. Walnüsse, Pistazien und Mandeln zum Beispiel sind Steinfrüchte wie Kirschen. Die Erdnuss wiederum ist eine Hülsenfrucht und Pinienkerne sind die Samenkerne von Kiefern aus dem mediterranen Raum. Als echte Nüsse dürfen sich dafür die Haselnuss, die Maroni und die Pekannuss bezeichnen. Nüsse sind gute Vitamin- und Mineralstofflieferanten. Sie enthalten viel Magnesium, Eisen, Selen, Zink, Kupfer und Mangan, außerdem die Vitamine B und E. Die ungesättigten Fettsäuren sowie das E-Vitamin sind gut für Herz und Kreislauf. Die reichlich enthaltenen B-Vitamine wirken positiv auf das Nervensystem und beugen u. a. Gereiztheit vor.

O OCHSENMARK

Ochsenmark-Tempura
mit Saubohnen und gebackenem Kalbskopf

Das Ochsenmark-Tempura soll nach dem Ausbacken innen rosa und in der Textur wie zart schmelzende Gänseleber oder Gelee sein. Das Gleiche gilt für den gebackenen Kalbskopf. Noch ein Tipp für den Geschmackskick: zwei Esslöffel grob geraspelte oder gehobelte 85%ige Bitterschokolade kurz vor dem Anrichten unter die Bohnen streuen!

100 g gepresster Kalbskopf
Mehl, Ei, Weißbrotbrösel zum Panieren
Butterschmalz zum Backen
4 Scheiben Markknochen vom Atterochs
50 g griffiges Mehl
50 g Maisstärke
Prise Backpulver
Mineralwasser
Rapsöl zum Frittieren
200 g Saubohnen
1/4 l Kalbsfond (oder Rindsuppe)
einige Zweige Bohnenkraut
etwas Rindsjus (siehe S. 115)
Salz, Pfeffer

Vom gepressten Kalbskopf zunächst eine 2 cm dicke Scheibe abschneiden und diese dann in vier Rechtecke in der Größe von 3 x 6 cm teilen. Die Rechtecke auf einer Seite mit Mehl, Ei und Weißbrotbröseln panieren. In einer Pfanne Butterschmalz erhitzen und die Kalbskopfstücke auf der panierten Seite darin backen. Den restlichen Kalbskopf in hauchdünne Scheiben schneiden und dabei eine Hand voll kleine Würfel für die Saubohnen beiseite stellen. Die gebackenen Kalbskopfstücke mit den hauchdünnen Scheiben bedecken und kurz im Backrohr auf Grillstufe schmelzen lassen.
Das Mark aus den Knochen herausdrücken und jeweils die Enden wegschneiden, um etwaige Knochensplitter zu entfernen. Dann in ca. 1,5 cm dicke Scheiben schneiden, salzen und pfeffern.
Für den Tempurateig Mehl, Maisstärke und Backpulver mit Mineralwasser zu einem dicken Teig rühren. Markscheiben durchziehen und schwimmend in Rapsöl bei 180 °C frittieren.
Saubohnen auslösen, blanchieren und die Haut abziehen. Den Kalbsfond erwärmen, Saubohnen und Würfel vom gepressten Kalbskopf durchschwenken. Mit Salz abschmecken und mit Bohnenkraut vollenden.
Saubohnen in der Tellermitte anrichten, gebackenen Kalbskopf und Ochsenmarktempura links und rechts davon legen und mit etwas erwärmtem dunklen Rindsjus umgießen.

WEIN 2005 WEINVIERTEL DAC, HERBERT ZILLINGER, EBENTHAL
Sehr frisch und duftig, fruchtbetont, zartes Pfefferl, mineralisch mit elegantem Körper

OP

Ochsenschwanz

Stammt keineswegs immer vom gleichnamigen Tier, dafür gibt es viel zu wenige Ochsen. Der Schwanz von anderen Rindern ist aber genauso gut. Man kann aus diesem aromatischen Teilstück zwar auch kräftige und gute Suppen kochen, aber das Schmoren ist noch viel besser. Durch den hohen Knochen- und Knorpelanteil erhält man beim Dünsten eine kräftige, sämige Sauce.

Olivenöl

Laut EU-Gesetz sind beim Olivenöl drei Qualitätsstufen vorgesehen.

- Allerbeste Qualität wird **„NATIVES OLIVENÖL EXTRA" (EXTRA VERGINE)** genannt und ist durch mechanische und natürliche Methoden gewonnenes Öl mit einem Anteil an freien Fettsäuren von max. 1 g pro 100 g.
- Die nächste Klasse, **„NATIVES OLIVENÖL" (VERGINE),** besitzt einen Anteil von freien Fettsäuren von max. 2 g pro 100 g.
- Und **„OLIVENÖL"** (Mischung aus raffiniertem und nativem Olivenöl mit einem Anteil an freien Fettsäuren von max. 1,5 g pro 100 g) ist am ehesten noch zum Frittieren geeignet.

In den Bereich Märchen fällt die These, dass man mit Olivenöl nicht braten oder frittieren sollte. Im Gegenteil: Olivenöl ist durchaus hitzebeständig. Zum kurzen Anbraten nimmt man am besten eine Mischung aus gleichen Teilen Olivenöl und Butter.

Organigramm

Ist beim Hanner auf den Kopf gestellt: Die Jüngsten und die Anfänger stehen ganz oben, die Säulen mit der meisten Verantwortung sind unten. Also kein „Top down"-, sondern ein „Bottom up"-Modell.

Paradeiser

Waren bis 1820 in Europa nur Zierpflanzen, da sie als giftig galten und verdächtigt wurden, Auslöser von „Liebeswahn" zu sein – daher auch der österreichische Name „Paradeiser" als Abwandlung von Paradiesapfel. Im restlichen Europa hielt man sich an das aztekische „tumatle", das dann zur „Tomate" führte.
Paradeisersorten gibt es zahlreiche. Wesentlich für ihren Geschmack ist, dass sie beim Wachsen viel Sonne hatten und langsam gereift sind.

DIE WICHTIGSTEN ARTEN SIND:

Glatte und gerippte Fleischparadeiser, ideal für Saucen
Eiertomaten, ebenfalls gut für Saucen geeignet
Kleine Kirschparadeiser, zum Garnieren und für Salate
Rispenparadeiser schmecken roh am besten.

In der limitierten Kollektion „Sommer für Winter" kann man sich im Herbst mit eingelegten, biologisch gewachsenen Kirschparadeisern im Feinkostladen bei Hanner eindecken.

Passionsfrucht

Stammt aus Südamerika und wächst in allen tropischen Gebieten. Ihr geleeartiges, saftiges Fruchtfleisch enthält viele Kerne, die man mitessen kann, und weist einen erfrischenden, süßsauren Geschmack auf. Intensiv süß schmecken die purpurnen Passionsfrüchte, die gelben sind eher säuerlich.

Pastinake

Gelbliche Wurzel mit süßlich-würzigem Geschmack, die bis Mitte des 18. Jahrhunderts eines der wichtigsten Nahrungsmittel in Europa war. Wurde dann von

Erdäpfeln und Karotten verdrängt und taucht erst jetzt schön langsam aus der Vergessenheit auf. Pastinaken eignen sich für Suppen, Pürees, zum Braten oder zum Glacieren. Die Briten machen aus der Wurzel sogar Marmelade, Bier und Wein.

Périgord-Trüffel

Schwarze Trüffel aus der gleichnamigen Landschaft im Südwesten von Frankreich. Sind nur echt und besonders aromatisch mit einer feinen weißen Marmorierung. Man kann sie roh genießen oder auch mit Madeira, Cognac und Kalbsfond einkochen.

Perlhuhn

Der Ferrari unter den Hühnern kommt aus Afrika und wird zu den Fasanen gezählt. Das Perlhuhn hat viel mehr Fleisch als ein herkömmliches Huhn und dazu einen großen Brustteil, der wunderbar saftig schmeckt. Beim Braten sollte man aufpassen, dass das Perlhuhn nicht zu trocken wird, da es weniger schützende Fettablagerungen hat als die VW Golfklasse aus dem Stall.

Petits Fours

Bedeutet im Französischen „Kleine Öfen", in denen diese verführerischen Kreationen der Patisserie früher gebacken wurden. Das Kleingebäck gibt es in glasierten Varianten, gefüllt und mit Zuckerguss überzogen oder in trockener Form wie zum Beispiel Makronen, Blätterteiggebäck oder Biskuits.

Picknick

Zu einem stilgerechten Picknick gehören liebe Freunde, eine schöne Landschaft und viele Insekten. Und natürlich auch eine Decke und ein großer Korb, angefüllt mit Geschirr, Besteck, Gläsern, Tischtuch, Servietten, vielen Delikatessen, Getränken, im besten Fall Champagner. So wird es bei Hanner zusammengestellt, wo Sie Ihr Picknick im Garten genießen können.

Pinot Blanc

Dem Weißburgunder sagt man eine Aromatik nach Walnüssen nach, was vor allem bei Flaschenreife stimmt. Im vollreifen Bereich ist er nach fünf Jahren der beste Spargelwein überhaupt.

Pinot Noir

Der Blauburgunder ist die Primadonna des Rotweinbaus schlechthin, er repräsentiert die hohe Schule der Winzerkunst. Gelungene Exemplare gehören dann aber auch zum Schönsten, was es gibt: Weicher, verführerischer, weniger gerbstoffig als Cabernet oder Blaufränkisch, können sie umwerfenden Charme entwickeln.

Piriwe, Josef

Winzer

Das Weingut umfasst mittlerweile 8 Hektar Weingärten in den besten Lagen von Traiskirchen, Gumpoldskirchen und Pfaffstätten. Der Schwerpunkt liegt bei den gebietstypischen Sorten Zierfandler, Rotgipfler, Neuburger, Weißburgunder und Chardonnay sowie Zweigelt, Pinot Noir und Cabernet Sauvignon. Üblicherweise werden die Trauben im Kabinettbereich gelesen, bei idealen Voraussetzungen keltert man aber auch Prädikatsweine. Josef Piriwes Frau Jana stammt aus Znaim und ist kulinarisch für einen der besten Heurigen der Region zuständig. Die Junioren, Stefan und Christine, helfen auch schon tatkräftig mit. *Wiener Straße 34, 2514 Traiskirchen, Tel.: 02252/559 88, www.piriwe.at*

P PARFAIT

Parfait von der weißen Trüffel
geflämmt mit Karamellbirne

Ein Eis, das mit der Lötlampe karamellisiert wird und trotzdem nicht schmilzt – ein Hit!

FÜR DAS BISKUIT
3 Eier
75 g Kristallzucker
Zesten von 1 Zitrone
1 Msp. Vanillezucker
35 g Butter
40 g glattes Mehl
40 g Maisstärke

FÜR DAS PARFAIT
3 Eier
200 g Kristallzucker
2 g weiße Albatrüffel, gehobelt
$^1/_4$ l halbgeschlagenes Obers
75 g Haselnusskrokant

FÜR DIE KARAMELLBIRNEN
4 kleine Birnen
40 g Butter
40 g Kristallzucker

FÜR DIE SCHOKOLADESAUCE
100 g Bitterschokolade (70%)
4 cl Mandellikör
$^1/_{16}$ l Arganöl

Für das Biskuit Eier mit Zucker, Zitronenzesten und Vanillezucker schaumig schlagen. Butter erwärmen, mit Mehl und Maisstärke unterheben. Ein Backblech mit Backpapier auslegen und die Masse aufstreichen. Im Backrohr bei 180 °C ca. 8 Minuten lang backen.
Für das Parfait Eier trennen. Eidotter, 100 g Zucker und Trüffel schaumig schlagen. Dann Obers und Haselnusskrokant zugeben. Eiklar mit dem restlichen Kristallzucker steif schlagen und unter die Parfaitmasse heben.
4 quadratische Formen (7 x 7 x 3 cm) mit Biskuit auslegen und mit der Parfaitmasse befüllen. Dann für 24 Stunden ins Gefrierfach stellen.
Birnen schälen und Kerngehäuse entfernen. Butter erwärmen und die Birnen damit bestreichen. In Kristallzucker wälzen und auf ein Backblech setzen. Im Backrohr bei 220 °C ca. 15 Minuten lang backen.
Für die Schokoladesauce Bitterschokolade auf 32 °C erwärmen. Mit Mandellikör und Arganöl vermischen. Vor dem Servieren das Parfait aus der Form stürzen und mit einem Bunsenbrenner abflämmen. Karamellbirnen mit dem Trüffelparfait auf Tellern anrichten, mit Schokoladesauce und Haselnusskrokant garnieren.

WEIN MOSCATEL DOURO, QUINTA DO PORTAL, PORTUGAL
(erhältlich bei www.gawein.at)
Intensiver Duft nach Dörrbirnen mit Karamell, ausgeprägte Gewürznoten, warmes und cremiges Finish

Radicchio

Ist wie Chicorée ein Zichoriengewächs und kommt aus Italien. Das zartbittere Gemüse gibt es in zwei Arten: den runden Radicchio, der wie ein kleiner Kopf Rotkraut aussieht und für Salat verwendet wird. Und den wesentlich feineren Radicchio di Treviso mit langen, spitzen Blättern, der warm zubereitet wird.

Rapsöl

Das beste Öl zum Braten, da es durch den hohen Anteil an ungesättigten Fettsäuren und Vitamin E gesundheitlich noch wertvoller eingestuft wird als Olivenöl.

Rechnung, bitte!

Preis ist Preis. Und egal wie reich du bist, einen anderen kriegst du nicht! *(frei nach Andy Warhol)*

Reh

Ist das zarteste Wildbret und stammt meist von ein- bis eineinhalbjährigen Tieren. Der edelste Teil ist der Rücken, der entweder im Ganzen oder in Form von Medaillons zubereitet wird. Die Keulen eignen sich am besten zum Braten im Ganzen. Rehfleisch ist sehr mager und enthält im Gegensatz zu Rindfleisch weniger Fett.

Reinisch, Veronika & Johann
Winzer

Der Johanneshof ist schon kein Familienbetrieb mehr, sondern ein Familienkonzern: Nebst Johann (Leitung, Weingarten) und Veronika (Vertrieb, Heuriger) sind die Junioren Barbara (Heuriger), Johannes (Keller), Christian (Weingarten, Keller) und Michael (Büro, Verkauf) voll integriert. Der Chef zu seiner Philosophie: „Ich habe meinen Kindern immer versucht zu vermitteln, dass Winzer zu sein, Weinbau zu betreiben, eine Buschenschank zu führen lauter Dinge sind, die Spaß und Freude machen. So hat es sich von selbst ergeben, dass die Kinder, kaum dass sie über die Tischplatte sehen konnten, beim Heurigen das Brotkörberl an den Tisch gebracht haben." Davon abgesehen ist der Johanneshof in Sachen Wein ein Vorzeigebetrieb, der sowohl in Weiß wie in Rot Weltklasse produziert. Der Chardonnay Lores braucht sich in keiner Chardonnay-Probe weltweit zu verstecken (tut er auch nicht), und erst kürzlich bescheinigte der Schweizer „WeinWisser" René Gabriel dem St. Laurent Frauenfeld 2003 mit 19/20 Punkten absolute Topklasse: „Bereits beim ersten Schluck empfanden wir ihn als genial." *Im Weingarten 1, 2523 Tattendorf, Tel.: 02253/814 23, www.j-r.at*

Reininghaus
JAHRGANGSPILS

Es gibt gute, hochwertige und ausgezeichnete Lebensmittel. Das gilt für Fisch wie für Fleisch, für Käse wie für Wurst, für Gemüse wie für Obst, für Wein und eben auch für Bier. Bei Letzterem ist der Qualitätsunterschied vielleicht nicht gleich auf den ersten Blick bemerkbar, nimmt man aber den ersten Schluck, wird die Besonderheit schnell spürbar.
Ein Bier ist eben nur so gut wie seine Rohstoffe. Reininghaus setzte sich zum Ziel, nicht nur einfach das beste Pils Europas zu brauen, sondern ein Pils, das sich durch die jährliche Selektion seiner Rohstoffe auszeichnet. Das Ergebnis heißt Reininghaus Jahrgangspils und ist ein Bier, das durch seine Einmaligkeit außergewöhnlichen Biergenuss verspricht. Das Jahrgangspils zeichnet sich also durch den einzigartigen Geschmack des jeweiligen Jahrganges aus. Ein wichtiger

Bestandteil, um dem Bier seine Authentizität zu verleihen, ist der Hopfen. Für das Reininghaus-Bier wird exklusiv Hopfen aus einem einzigen Anbauort in Österreich, nämlich Leutschach, verwendet. Die Bedingungen in dem kleinen südsteirischen Ort sind für den Hopfen ideal und das Wissen der Hopfenbauern wird seit dem 19. Jahrhundert von Generation zu Generation weitergegeben. Hopfen ist aber ein Naturprodukt. Je nach klimatischen Verhältnissen verändern sich auch sein Aroma und sein Geschmacksbild. So schmeckt das Bier ein Jahr zart blumig, das nächste Jahr zeichnet es sich durch eine intensivere Würzigkeit aus. Je nach Vegetationsverlauf verleihen die harmonischen Aromen des Hopfens dem Pils seinen einzigartigen Jahrgangscharakter und seine Unverwechselbarkeit. Aus frisch geerntetem Leutschacher Hopfen, erstklassiger Marchfelder Braugerste, klarem Quellwasser und Reinzuchthefe braut schlussendlich der geübte Braumeister Jahr für Jahr ein Pils für Genießer und Kenner. Die jahrgangstypischen Eigenschaften und unterschiedlichen Geschmacksnuancen lassen sich gut identifizieren. Monat für Monat werden bewusst nur kleine Mengen gebraut, um auch wirklich die spezifischen Noten herauszustreichen. Zeichnete sich das Reininghaus Jahrgangspils 2004 etwa durch fruchtige Töne aus, präsentiert sich der Jahrgang 2005 mit zart blumigen und weniger fruchtigen Aromen, was auf mehr Niederschläge und eine geringere Durchschnittstemperatur zurückzuführen ist. So entstand ein Bier mit Charakter, erfrischend, mit einer intensiven Hopfennase und eleganten Bitterstoffen, wodurch es besonders schlank und trocken wirkt. Im extra für dieses Bier mundgeblasenen Glas ein Genuss, der mit nichts zu vergleichen ist.

Reisetbauer, Hans
Edelbrenner

Der Mann lebt, liebt und macht Schnaps. Und nicht irgendeinen. Seine klaren, subtilen Obstdestillate haben ihn zu einem der gefragtesten Brenner Österreichs gemacht. Sein Erfolgsgeheimnis: kristallklares Wasser aus dem Mühlviertel und natürlich nur die besten Grundprodukte. So holt er sich die nussigen Elsbeeren aus Südfrankreich, die Johannisbeeren aus Chile, und die Marillen bekommt er vom Wagramer Winzer Bernhard Ott. Die Obstplantagen rund um den stattlichen Hof im oberösterreichischen Axberg bei Linz prägen die Landschaft, da wären zum Beispiel an die 9.000 Williamsbirnbäume, die Hans Reisetbauer in Fachkreisen den Namen „Mr. Williams" eingebracht haben …

Relais & Châteaux

Internationale Hotelvereinigung zur weltweiten Förderung und Vermarktung von privat geführten Hotels und Restaurants. Wurde 1954 in Frankreich gegründet und wird heute als eine weltweite Benchmark für Spitzengastronomie und Hotellerie betrachtet. Die Wertvorstellungen werden von den „5 C" symbolisiert: Courtoisie (Freundlichkeit), Charme, Caractère (Charakter), Calme (Ruhe) und Cuisine. Derzeit sind 453 Häuser in 50 Ländern auf 5 Kontinenten Mitglied bei Relais & Châteaux, im Jänner 2006 wurde auch Hanner in die exquisite Vereinigung aufgenommen.

Rezept

In der Küche keine strikte Vorschreibung wie in der Apotheke. Im Idealfall eine Anregung für kreative Abwandlungen nach eigenem Gusto.

Rhabarber

Botanisch gesehen kein Obst, sondern ein Gemüse. Die Blätter enthalten giftige Oxalsäure, was für neugierige Probanden im Mittelalter mit dem Tod endete. Erst im 18. Jahrhundert kamen die Briten auf die Idee, die Stiele der Pflanze zu kochen und freuten sich über das säuerliche, aber gut schmeckende Ergebnis. Rhabarber enthält viel Säure, die man paradoxerweise am besten mit Zitronensaft mildern kann. Da auch die Schale Oxalsäure enthält, muss Rhabarber immer geschält werden.

Riesling

Der unbestrittene König unter den weißen Reben. Einmalige, an Marillen, Ananas und Grapefruit gemahnende Aromen. Im vollreifen (Smaragd-) Bereich aus der Wachau und Umgebung absolute Weltklasse.

Rillette

War ursprünglich eine französische Konservierungsmethode für Fleisch und ist heute eine Vorspeisen-Delikatesse. Dafür wird Fleisch – meist von Schwein, Gans, Ente oder Kaninchen – stundenlang in Schmalz gekocht bis es vom Knochen fällt. Dann zerkleinern, würzen, in Gläser abfüllen und mit einer Fettschicht bedecken. Hält kühl gelagert 2 Monate. Für Fischrillettes eignen sich Thunfisch, Sardinen, Lachs und Aal.

Rind

Gekocht, geschmort, gebraten – mit Rindfleisch lässt sich viel anstellen, vorausgesetzt die Qualität stimmt. In den Charts der besten Rinderrassen ganz oben rangieren das Galloway- und das Angus-Rind (beide aus Schottland) und das französische Charlois-Rind. Eine Klasse für sich ist das japanische Kobe-Rind, das im Stall massiert wird und sich über einen täglichen

Schluck Bier freuen darf. Dieser wird dem österreichischen Atterochsen zwar nicht gegönnt, trotzdem wird sein feines Fleisch auch höchsten Ansprüchen gerecht. Grundsätzlich gilt: Niemals zu leuchtend roten Stükken greifen, da diese noch nicht lange genug abgehangen sind. Rindfleisch sollte eine dunkel- bis braunrote Farbe haben; eine zarte Fettmarmorierung macht es saftig.

Rindsjus

100 g Butterschmalz, 2 kg Rindsknochen oder geschnittenen Ochsenschlepp, 1 Lauch, 1 Zwiebel, 1/2 Sellerieknolle, 2 EL Tomatenmark, 1/4 l Rotwein, 1/8 l Portwein, 1 EL Senfkörner, 2 Lorbeerblätter, 10 Pfefferkörner

In einer Kasserolle Butterschmalz erhitzen und die Rindsknochen darin braun anrösten. Lauch, Zwiebel und Sellerie putzen bzw. schälen und grobwürfelig schneiden. Zugeben und mitrösten. Dann Tomatenmark einmischen und kurz anrösten. Mit Rotwein und Portwein ablöschen und komplett einreduzieren. Mit Wasser aufgießen, so dass alles bedeckt ist. Im Backrohr mindestens 4 Stunden lang köcheln lassen. In den letzten 30 Minuten Senfkörner, Lorbeerblätter und Pfefferkörner zugeben und mitziehen lassen. Rindsjus abseihen und über Nacht stehen lassen. Am nächsten Tag die harte Fettschicht abheben.

Roithner, Hubert

KUNST BEI HANNER

Jahrgang 1957, lebt und arbeitet in Wien. Beschäftigt sich als abstrakter Maler mit den Möglichkeiten eines sehr individuell geführten Pinselschlages und den durchaus als gegenständlich empfindbaren Qualitäten seiner Farbmalerei – Assoziationen über Himmelsstimmungen, Natureindrücke, Erinnerungen an die gesehene Wirklichkeit …

Rosmarin

Im Mittelalter „Troubadour-Kraut" genannt, da man der angebeteten Dame, die man besang, auch einen Strauß Rosmarin überreichte. Mit seinem starken Aroma in der Küche ein vielseitig einsetzbares Gewürz, das sich nicht einmal von Knoblauch unterkriegen lässt.

Roter Tisch

Das Zentrum von Hanner, an dem sich alle Mitarbeiter zum gemeinsamen Essen versammeln. Hier wird besprochen, begrüßt, verabschiedet, diskutiert und gefeiert – am roten Tisch wird die Philosophie des Betriebes gelebt.

Rotgipfler

Weißes Sortenkleinod aus der Thermenregion, kann in kundiger Hand (Karl Alphart!) zu ganz großer Klasse auflaufen.

Risotto
mit Staudensellerie und weißer Albatrüffel

Die Möglichkeiten Risotto zuzubereiten und zu kombinieren sind eine „never ending story". Versuchen Sie in Verbindung mit Trüffel je nach Angebot und Kreativität auch Kürbis, Maroni, Winterspinat oder unterschiedliche Wurzelgemüse!

150 g Risottoreis
6 EL Olivenöl
1/4 l Selleriesaft
50 g pürierter Spinat
50 g gehobelter Parmesan
100 g weiße Albatrüffel
Salz, Pfeffer

Risottoreis in 2 EL Olivenöl anschwitzen. Unter ständigem Rühren Selleriesaft nach und nach zugeben und so lange weiter rühren, bis der Risotto schön cremig ist, aber noch Biss hat. Dann Spinat und Parmesan einmischen, mit Salz, Pfeffer und dem restlichen Olivenöl würzen. Risotto auf Tellern anrichten und die weiße Trüffel darüber hobeln.

WEIN 2001 CHARDONNAY GRAND SELECT, WIENINGER, STAMMERSDORF
Duft nach gelben Äpfeln, zarte, reife Exotik mit etwas Kokos und Karamell, geschmeidig und sehr lang

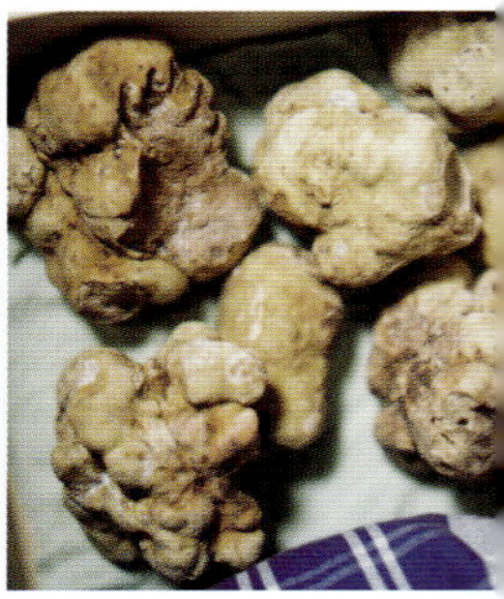

Safran
Das teuerste Gewürz der Welt, von dem erfreulicherweise nur eine geringe Dosis genügt, damit sich der betörende Duft und die wunderbar gelbe Farbe entfalten. Der hohe Preis ist das Resultat der mühevollen, händischen Produktion. Safran wird aus den Blütennarben einer Krokuspflanze gewonnen. In jeder Blüte gibt es drei Stängel, die händisch gezupft werden müssen. Die besten Pflücker schaffen maximal 80 g pro Tag. Für 1 kg Safran sind mehr als 200.000 Blütennarben nötig. Bis ins 19. Jahrhundert wurde Safran in Niederösterreich angebaut. Heute stammen ca. neunzig Prozent der Weltproduktion aus Spanien.

Saibling
Fettarmer Fisch mit rosafarbenem Fleisch, das zarter, aber gleichzeitig bissfester ist als das der Forelle. Am besten sind Bachsaiblinge, die jedoch sehr selten sind. Üblicherweise werden die helleren, gezüchteten Seesaiblinge angeboten. Im Salzkammergut gibt es in jedem See andere Saiblinge. Sehr delikat sind die kleinen wild gefangenen Saiblinge aus dem Attersee und dem Mondsee. Aufpassen beim Garen! Filets am besten nur auf der Hautseite anbraten. Ist das Fleisch auf der Oberfläche nicht mehr glasig, sind die Filets fertig.
Saibling mit Pilzen, S. 120

Salamander
Lieblingsgerät von Profiköchen. Eignet sich mit seiner besonders starken Oberhitze zum Karamellisieren, Gratinieren, Glasieren und natürlich auch zum Warmhalten von Speisen.

Samsonov, Elisabeth
KUNST BEI HANNER

Jahrgang 1956, lebt und arbeitet in Wien und in Hadres im Weinviertel. Ist Kunsttheoretikerin, Philosophin und bildende Künstlerin. Mit ihren archaisch anmutenden Holzplastiken, die sie mit Eitempera bemalt, behandelt sie Themen und Formen der abendländischen Kunstgeschichte sowie unmittelbare Eindrücke, die sie auf ihren Reisen, u. a. nach Indien, von außereuropäischen Kunstlandschaften gewonnen hat.

Salz
Wurde früher bei Tisch in einer Saliera, also einem Salzfass, aufbewahrt. Der Streuer wurde erst 1919 vom Bioniker Raoul Heinrich Francé kreiert, der allerdings ursprünglich damit Kleinstlebewesen gleichmäßig über der Erde verstreuen wollte.

Sauvignon Blanc
Steirische Erfolgsgeschichte ohne Ende: unglaublich attraktive Aromatik nach Holunder, manchmal Paprika und Brennnesseln (klingt schlimmer, als es in der Praxis ist). Verträgt sich mit Holz weniger gut.

Schafler, Andreas
Schaflerhof, Winzer
Andreas Schafler – Winzer in siebenter Generation! – hat seine Weinausbildung 1986 in Klosterneuburg abgeschlossen und mit seiner Frau Catherina 1993 den Betrieb der Eltern übernommen. Mit ihm hielt der naturnahe Weinbau Einzug. Derzeit sind es 9 Hektar Weinbaufläche, wovon gut 25% dem Zierfandler vorbehalten sind und die noch ausgeweitet werden sollen. 60% der Anlagen sind älter als 30 Jahre und

werden Schritt für Schritt erneuert. Weingärten in der Ebene wurden zugunsten echter Weinbergslagen durch Zukauf, Tausch und Pachtung aufgelassen. Die Lage „Tümpfel" beispielsweise besteht aus fast drei Hektar geschlossener Rebfläche mit südlicher Ausrichtung. Die lehmig-sandige Bodenstruktur dieser und anderer Lagen ist eine ideale Voraussetzung für Zierfandler und Rotgipfler, vom trockenen Wein bis hin zur edelsüßen Trockenbeerenauslese. Mit Idee, Engagement und Geschick führen Catherina und Andreas Schafler den Heurigen. Bei Fassweinverkostungen, Heurigen-Brunch, Kabarett- und Jazzveranstaltungen oder Riedenwanderung kann der Gast das Werden des Weines das ganze Jahr über miterleben.
Wiener Straße 9–11, 2514 Traiskirchen, Tel.: 02252/52 37 80, www.schaflerhof.at

Schalotte

Die Schalotte ist aromatischer und feiner als die herkömmliche Zwiebel und wird vor allem für Saucen und Salate verwendet. Gerichte erhalten durch sie ein zartes, elegantes Zwiebelaroma.

Scheifler, Robert

KUNST BEI HANNER

Jahrgang 1967, lebt und arbeitet in Wien. Entwickelt über die inhaltliche Bedeutung von ornamentalen Formen in der Malerei ein System, das er auch auf dreidimensionale Körper übertragen kann. So umstrickt er zum Beispiel Objekte mit rosafarbener Wolle und stellt damit humorvoll die gewohnte Sehweise bzw. die geschlechtsspezifischen Zuordnungen (Rosa + Stricken = weiblich) in Frage.

Schlaraffenland

Märchenhaftes Land, wo Milch, Honig und Wein fließen und Genießen die größte Tugend ist. Wurde von Kennern auch schon in Mayerling gesichtet.

Schlumberger

Wenn jemand „Schlumberger" sagt, dann denkt man üblicherweise an Sekt. Dass hinter diesem Namen allerdings das historisch mit Abstand wichtigste Rotweingut des Landes steckt, weiß kaum jemand. Robert Schlumberger, aus Schwaben stammend und zuletzt Betriebsleiter im Champagnerhaus Ruinart in Reims, erwarb 1843 die ersten Weingärten in Vöslau. Er produzierte einerseits Rotwein und unternahm andererseits die ersten Versuche, „Champagner" (wie Sekt damals noch hieß) zu erzeugen – mit bemerkenswertem Erfolg, wie man heute weiß. (Dass er das nach der Champagnermethode tat, ist eine Binsenweisheit, dann damals gab's nur diese.) Den besten Sektgrundwein lieferte der Blaue Portugieser. Schlumberger setzte aber auch andere Sorten erfolgreich aus: St. Laurent, Blaufränkisch, Cabernet Sauvignon und Merlot. Durch den – damals längst noch nicht üblichen – hohen Standard der Weingartenbewirtschaftung und Kellerwirtschaft waren die Rotweine von Schlumberger die mit Abstand besten auf dem Gebiet des heutigen Österreich. „Vöslauer Goldeck" war ein Synonym für österreichische Weinqualität und im vorvorigen Jahrhundert eine Weltmarke. Heute hat der Topwein, der „Privat-Keller", wieder Anschluss an das Topniveau gefunden. *Heiligenstädter Straße 35–41, 1190 Wien, Tel.: 01/368 68 92-614, www.schlumberger.at*

S SAIBLING

Saibling mit Pilzen
und knusprigem Speck

Saibling, sein Kaviar, knuspriger Speck und Pilze – klingt ungewöhnlich, bildet aber am Gaumen eine reizvolle, überraschende Harmonie! Fordern Sie Ihre Lieferanten kompromisslos, um dafür wirklich die besten Produkte zu erhalten!

8 Scheiben hauchdünner Speck von LandArt

FÜR DIE FISCHMARINADE
4 EL Arganöl
2 EL Estragonessig
150 ml Wasser
je 1 Zweig Estragon, Petersilie, Schnittlauch und Kerbel

8 Bachsaiblingsfilets (alternativ: Saiblinge aus dem Attersee)

FÜR DIE SALATMARINADE
4 EL Arganöl
1 TL Dijonsenf
1 EL Kräuteressig
4 EL Selleriesaft

50 g kleine Salat- und Kräuterblätter
100 g frische Mandel- oder Steinpilze
20 g Butter
1 Zweig Rosmarin, fein gehackt
Salz, Pfeffer aus der Mühle

Die hauchdünnen Speckscheiben zwischen zwei Blätter Backpapier legen und im Backrohr bei 100 °C ca. 12 Stunden trocknen lassen. (Alternative: in einer Pfanne knusprig braten.)
Für die Fischmarinade alle Zutaten vermischen und aufkochen. Vom Herd nehmen und auf 75 °C abkühlen lassen. Die entgräteten Saiblingsfilets 10 Minuten lang in die heiße Marinade legen.
Für die Salatmarinade alle Zutaten in einem Glas mit Schraubverschluss vermischen. Das Glas verschließen und shaken. Dann die Salat- und Kräuterblätter damit marinieren.
Pilze putzen und in Scheiben schneiden. In Butter kurz anbraten. Mit Salz und Pfeffer würzen und mit fein gehacktem Rosmarin bestreuen. Je zwei Saiblingsfilets auf dem Salat anrichten, mit den Pilzen belegen und mit je zwei knusprigen Speckscheiben garnieren.
TIPP: *Sehr gut passt dazu frischer Saiblingskaviar, den man auf dem Speck anrichtet. Die restliche Marinade lässt sich gut im Glas gekühlt lagern.*

WEIN 2004 ROTGIPFLER, SCHELLMANN, GUMPOLDSKIRCHEN
Vielschichtiger Duft, würzig, reife Fruchtnoten, langer Abgang

Salat
mit geröstetem Gemüse

Österreicher essen leider noch immer zu wenig Gemüse. Hier eine leichte und schmackhafte Zubereitungsart, deren Kombination aus geschmortem Gemüse, Bittersalaten und pikant-süßem Essig zu jeder Jahreszeit attraktiv ist. Die Variationsmöglichkeiten sind groß. Verwenden Sie dazu Gemüse nach Saison und Lust & Laune!
Bitte keine Kompromisse bei Essigen und Ölen. Das geht immer auf die Kosten von Qualität und Genuss! Zu Hanners Favoriten zählen die Essige der Wiener Essigbrauerei Gegenbauer, die von LandArt und natürlich seine selbst angesetzten und hausgemachten Essige.

ALLE GEMÜSE GEWASCHEN UND UNGESCHÄLT:
4 Knoblauchzehen
4 kleine Schalotten
1 kleine Zucchini, geviertelt
2 kleine Auberginen, halbiert
1 roter Paprika, geviertelt
4 kleine Erdäpfel
2 kleine rote Rüben, halbiert
2 kleine Minikürbisse, halbiert
2 Minifenchel, halbiert

Maldonsalz
Pfeffer aus der Mühle
4 Rosmarinzweige
4 Thymianzweige
125 ml Walnussöl
125 ml Sauerrahm
Saft von 1/2 Zitrone
4 EL alter Balsamessig
Rucola oder kleine Blätter von Bittersalaten zum Garnieren

Alufolie in 4 Stücke von 30 x 30 cm Größe schneiden und diese auf ein Backblech legen. Das Gemüse darauf verteilen, mit Maldonsalz und Pfeffer aus der Mühle würzen. Rosmarin- und Thymianzweige dazulegen und mit Walnussöl beträufeln. Dann die Folie über dem Gemüse zu Packerln zusammenfalten.
Im Backrohr bei 180 °C ca. 25 Minuten lang backen. Herausnehmen, die Packerln öffnen und den Inhalt samt Saft und Walnussöl auf Teller leeren.
Sauerrahm mit Zitronensaft, Salz und Pfeffer verrühren und das Gemüse damit begießen. Mit Balsamessig beträufeln und mit Salatblättern garnieren.

WEIN 2005 SMALL HILL WHITE, HILLINGER, JOIS
Sehr frisch und fruchtig mit zart blumigen Tönen, elegant und schlank

Schnecken
Wurden in der barocken Kochkunst in allen möglichen Varianten verarbeitet und sind heute eine eher rare Spezialität. Vor allem gute Weinbergschnecken sind selten zu bekommen. Kulinarisch interessant sind noch die Meeres- oder Wellhornschnecken und die asiatischen Seeohren, auch Abalone genannt, die allerdings beim Kochen recht zäh geraten können.

Schnepfe
Begehrtes Wildgeflügel, von dem vor allem die Waldschnepfe auf unseren Tellern landet. Sie ist eine sehr seltene und sehr teure Rarität, da sie wegen ihrer nicht berechenbaren Flugbahn von Jägern sehr schwer zu erlegen ist. Eine kulinarische Extravaganz, die bei französischen Gourmets sehr beliebt ist, ist der Schnepfendreck. Dafür werden Innereien, allen voran der Darminhalt des Zugvogels mit Kräutern, Ei und Bröseln vermischt und auf Brot überbacken serviert.
Schnepfe mit Wacholder, S. 126

Schokolade
Entscheidend ist der Kakaogehalt, der sich bei Topprodukten zwischen 60 und 90 Prozent bewegt. Diese intensiv und aromatisch schmeckenden Schokoladen haben mit normaler Milchschokolade, deren Geschmack von Kakaopulver, Milchpulver und Nüssen geprägt ist, nichts gemein. Wie bei Kaffee unterscheidet man dabei nach verschiedenen Herkunftsregionen und für so manche „Cru"-Schokolade werden nur Kakaobohnen einer einzigen Hazienda in Tafeln geschmolzen. Ein Körnchen Wahrheit steckt auch im Spruch „Schokolade macht glücklich". Wissenschaftliche Untersuchungen haben ergeben, dass unser Körper bei einem Biss in die Schokolade Serotonin produziert, eine Art Gute-Laune-Hormon, das an kalten, nebeligen Wintertagen depressive Stimmungen vertreiben kann. Schokoholics schwören auf die Auswahl von „Xocolat" im Wiener Palais Ferstl *(www.xocolat.at)*, wo es jetzt auch den „Chocolate Lovers Club" gibt.

Schwein
Schwein gehabt? Sicher, denn laut Statistik essen die Österreicher pro Kopf an die 60 kg Schweinefleisch im Jahr. Bei keinem anderen Fleisch ist es so wichtig, was das Tier während der Aufzucht gefuttert hat. Je qualitätsbewusster der Schweinehalter, umso besser das Resultat. In den letzten Jahren wird wieder verstärkt auf Freilandhaltung gesetzt. Das hat zwar seinen Preis, ist aber eine völlig neue Geschmacksdimension. Das Egelseer Waldschwein von LandArt ist z. B. eine glückliche und langsam wachsende, fettreiche Rasse.

Seezunge
Der edelste unter den Plattfischen, der zwar in allen Weltmeeren gefangen wird, aber am besten schmeckt, wenn er aus den kälteren Nordmeeren kommt. Seezungen bis zu 500 g sollten im Ganzen gebraten werden, an der Gräte bleiben sie am saftigsten. Größere Fische kann man sich beim Fischhändler – vor allem das Abziehen der Haut erfordert viel Kraft! – filetieren lassen. Unbedingt die Karkassen mitnehmen, diese eignen sich viel besser für einen Fischfond als die von fetteren Rundfischen (z. B. Lachs). Tipp für alle, die das Enthäuten einmal selbst probieren möchten: Schwanzende kurz unter heißes Wasser halten, Haut leicht einritzen – so lässt sie sich leichter abziehen.

Senf

Die sehr scharfen schwarzen Senfkörner werden häufig in Afrika oder Indien verwendet. Basis für europäischen Senf sind meist die etwas milderen weißen Senfsamen. Trotzdem stammen die beiden schärfsten Senfsorten aus Europa: Dijonsenf, ein beliebtes Würzmittel beim Kochen, treibt einem schon die Tränen in die Augen. Noch schärfer dürfte aber das Senfpulver mit weißen und schwarzen Senfkörnern und Cayennepfeffer der britischen Firma Colman sein.

● **SENFKÖRNER** werden gerne als pikante Note in Marinaden und Saucen eingesetzt. Vor der Zugabe ca. 20 Minuten lang kochen und dabei einmal das Wasser wechseln. Oder in Rotwein oder Balsamico kochen, so bekommen die Körner eine dekorative dunkle Farbe.

Sesam

Sehr gesund! Vor allem schwarzer Sesam, bei dem im Gegensatz zum weißen, die wertvolle Schale erhalten ist. Schwarzer Sesam hat einen Fettgehalt von fast 50 Prozent und enthält vorwiegend ungesättigte Fettsäuren und viel Eiweiß, ist reich an Mineralstoffen, Nicotin- und Folsäure sowie Linolsäure, die sich positiv auf den Cholesterinspiegel und das Herz-Kreislauf-System auswirkt. Mit 4 EL Sesam deckt man den Tagesbedarf an Kalzium, was den Knochen bekanntlich nicht schadet.

Simak, Fritz

KUNST BEI HANNER

Jahrgang 1955, lebt und arbeitet in Wien. Zählt seit den 1970er Jahren u. a. mit seinen Arbeiten „Testbildserie", „Doppler" und „Lichtzeichnungen" zu den bekanntesten österreichischen Fotokünstlern.

Sojasauce

Ersetzt in Asien als Würzmittel das Salz und ist eine aus Weizen- und Sojamehl gewonnene, natürlich vergorene Flüssigkeit. Wird in einer Vielfalt gebraut, die sich mit den hierzulande üblichen Bier- und Weinsorten vergleichen lässt. Einfach unterscheiden kann man:

Helle Sojasauce ist dünnflüssig, mit eher leichtem, salzigem Aroma. Gut zum Kochen, weil sie beim Einkochen nicht bitter wird, sowie zum Abschmecken von Saucen und Fischgerichten.

Dunkle Sojasauce ist länger gereift, dickflüssiger und schmeckt etwas süßer. Eignet sich als Dip für Sushi und zum Würzen schwerer Fleischgerichte.

Süße Sojasauce ist zumeist mit Zucker und Malz angereichert und wird als Dip oder zum Abschmecken eingesetzt.

Achtung: Wegen des Salzgeschmacks der Sojasauce die Speisen, wenn überhaupt nötig, erst ganz zum Schluss nachsalzen.

Sommer für Winter

Produktlinie, die Heinz Hanner gemeinsam mit seinem Freund Paul Passler (Radio Wien) kreiert hat. Die Idee: In der warmen Jahreszeit werden Früchte und Gemüse in Gläsern schonend konserviert, von Marmeladen über Chutneys bis zu Pesto und würzigen kleinen Paradeisern aus Wiens Gemüsegärten. Erhältlich direkt im Genussladen von Hanner oder per Hauszustellung.

Schnepfe
mit Wacholder

4 Waldschnepfen
je 4 Zweige Rosmarin und Thymian
12 Wacholderbeeren
40 g Butter
1 EL gehackte Petersilie
Spritzer Balsamessig
4 Scheiben getoastetes Weiß- oder Toastbrot
Salz, schwarzer Pfeffer a. d. Mühle

FÜR DEN WILDFOND
1 kg Wildknochen (Schnepfe, Wachtel, Fasan oder Rebhuhn)
200 g Röstgemüse
3 EL Öl
4 cl roter Portwein
125 ml Rotwein
Wildgewürze (Pfeffer, Thymian, Lorbeer, Pimentkörner und Wacholderbeeren)

FÜR DEN SCHNEPFENJUS
3 EL Butterschmalz
30 g Sellerie, gewürfelt
30 g Petersilienwurzel, gewürfelt
1 EL Tomatenmark
1/8 l guter Rotwein (Blauburgunder)
1/16 l roter Portwein
1 l Wildfond (oder Wasser)
6 Wacholderbeeren
6 schwarze Pfefferkörner
3 Pimentkörner
5 ganze Kardamomkapseln, angedrückt
je 2 Zweige Rosmarin, Thymian und Petersilie
1 Lorbeerblatt
1 Orange, geviertelt
2 cl Le Gin von Schloss Halbturn
40 g kalte Butterwürfel

FÜR DAS ERDÄPFELPÜREE
500 g mehlige Erdäpfel
500 g kalte Butterwürfel
Salz, Muskatnuss

Dieses Rezept gelingt auch sehr gut mit Rebhuhn oder Wildtaube.

Die Schnepfen rupfen, Innereien ausnehmen, säubern und beiseite stellen. Die restlichen Federn abflämmen, Schnepfen innen und außen gut waschen und trocken tupfen. Die Schnepfen jeweils mit je 1 Rosmarin- und 1 Thymianzweig sowie 3 angedrückten Wacholderbeeren füllen. Mit Salz und Pfeffer würzen. In einer Pfanne 20 g Butter erhitzen, Schnepfen darin rundherum anbraten. Dann im vorgeheizten Backrohr bei 180 °C ca. 8 Minuten lang rosa braten. Herausnehmen, in Alufolie wickeln und nach ca. 10 Minuten tranchieren. Die Karkassen für den Schnepfenjus beiseite stellen. Das Fleisch nochmals etwas rasten lassen und bei 85 °C warm halten.
Für den Wildfond am besten wie bei einer klaren Suppe vorgehen: Knochen mit Röstgemüse in Öl kurz anrösten. Mit Portwein und Rotwein ablöschen und mit 2 l Wasser aufgießen. Wildgewürze zugeben und so lange leicht köcheln lassen, bis die Flüssigkeit auf die Hälfte reduziert ist. Dann durch ein Sieb abseihen.
Für den schnellen Schnepfenjus die Schnepfenkarkassen klein hacken und in Butterschmalz gut anrösten. Sellerie und Petersilienwurzel zugeben und so lange weiterrösten, bis alles Farbe angenommen hat. Tomatenmark einrühren und kurz durchrösten. Mit Rotwein und Portwein ablöschen und einreduzieren. Mit Wildfond (oder Wasser) aufgießen, Kräuter, Gewürze und die Orange zugeben und ca. 20 Minuten lang schnell durchköcheln. Dann abseihen, mit Le Gin abschmecken und mit kalter Butter montieren.
Die Innereien (Herz und Leber) fein hacken und in 20 g Butter leicht anschwitzen. Mit Salz, Pfeffer, gehackter Petersilie und einem Spritzer Balsamessig abschmecken, dann auf kleine, getoastete Weißbrotscheiben streichen.
Als Beilage empfiehlt sich Erdäpfelpüree, am besten zu gleichen Teilen Erdäpfel und Butter: Dafür die gekochten Erdäpfel passieren und über Dampf mit dem Schneebesen die kalte Butter nach und nach einschlagen, bis eine cremige, halbflüssige Konsistenz entsteht. Mit Salz und Muskatnuss abschmecken.

WEIN 2003 SYRAH, GAGER, DEUTSCHKREUTZ Brombeerfrucht, Lakritze und Nougat, reifes, dezentes Tannin mit feinen Röstaromen, langer Abgang

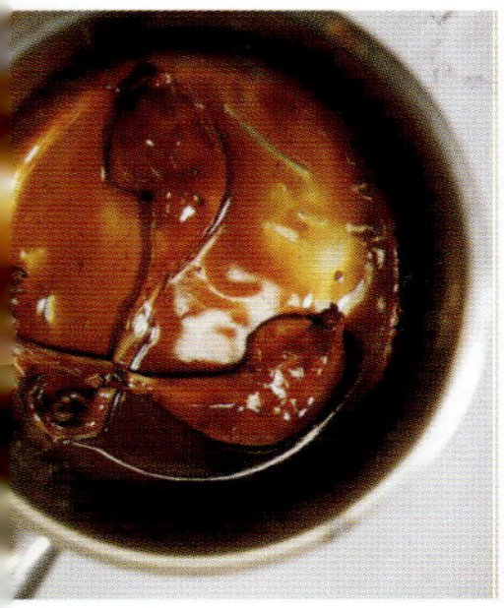

S SCHOKOLADE

Schokolade
7x Geschmack von der Grand-Cru-Schokolade

Diese Kreation versteht sich als Mikrokosmos der Geschmackswelt „Schokolade". Zuerst genießen Sie jede Schokolade pur und spielen im zweiten Durchgang mit der Kombination Schokolade & Aroma. Enjoy the taste!

Je 100 g hochwertige Schokolade:
Felchlin „Grand Cru" Maracaibo (49% Kakao, Schweiz)
Slitti, Caffé Nero (60%, Italien)
Slitti, Lattenero (62%, Italien)
Chocovic, Maragda (70%, Spanien)
Chocovic Guyave, Trinitario-Bohne (71%, Spanien)
Bonnat Chuao (75%,Frankreich)
Enric Rovira, Rajoles (100%, Spanien)
700 ml Obers
140 g Butter

Schokoladen jeweils extra klein hacken.
100 ml Obers aufkochen und eine gehackte Schokolade zugeben. 20 g Butter einmischen und so lange rühren, bis eine schöne, cremige Konsistenz entsteht.
Kleine rechteckige Formen mit Folie auslegen, die Schokolade 1 cm hoch eingießen und über Nacht in den Kühlschrank stellen. Vor dem Servieren herausstürzen, die Folie abziehen und in 2 cm lange und 1 cm breite Streifen schneiden.
Dieses Procedere gilt für alle sieben Schokoladesorten.
Zunächst wird jede Schokolade pur gekostet, im zweiten Durchgang probiert man die Schokolade in Kombination mit einem der unten genannten Aromen.

ALS GESCHMACK DAZU SERVIEREN:
Felchlin „Grand Cru" Maracaibo: Schweizer Rahm
Slitti, Caffé Nero: Trüffel, püriert mit Olivenöl
Slitti, Lattenero: Haselnusskrokant
Chocovic, Maragda: Maldonsalz
Chocovic Guyave, Trinitario-Bohne: süßer Paprika
(siehe Schokolade-Gâteau, S. 132)
Bonnat Chuao: Wasabi
Enric Rovira, Rajoles: Chiliöl

WEIN 1999 LATE BOTTLED VINTAGE, NIEPOORT
Üppiger Duft nach reifen dunklen Beeren, Rumtopf, zart rauchig-würzige Aromen, Bitterschokolade, intensiv und kraftvoll

Hanner

Schokoladendrops liquid

Auf jeden Fall ein neues Rezept, das auf Erkenntnissen und Grundlagen der Molekulargastronomie beruht, in gleichem Maß spannend und irritierend zugleich!

50 g Scharfenberger Kakaopulver
80 g Kristallzucker
5 g Alginat
2 cl Crème de cacao
8 g Calciumchlorid
Maldonsalz

$^1/_4$ l Wasser mit Kakaopulver und Zucker aufkochen. Alginat zugeben, mixen und durch ein feines Sieb passieren. Crème de cacao einrühren und 24 Stunden lang kühlen.
1 l Wasser mit Calciumchlorid verrühren. Mit einem kleinen Löffel die Bitterschokoladenmasse ins Calciumchlorid-Wasser gleiten lassen, sodass eine Kugel von 1 cm Durchmesser entsteht. Nach einer Minute herausnehmen und kurz in kaltes Wasser legen. Schokoladendrop auf einen Löffel setzen und mit einem Maldonsalzkristall garnieren.

WEIN 2001 BANYULS, CHAPOUTIER, ROUSSILLON
Dunkle, vollreife Beeren, Rum und Schokolade

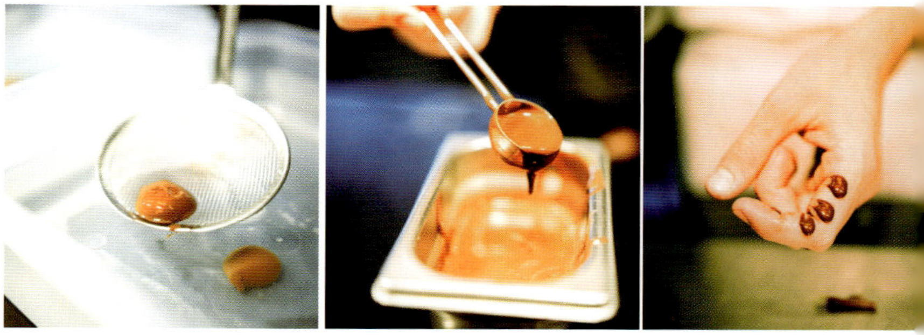

Schokolade-Gâteau Amer
mit Kukuruzsorbet und süßem Paprika

Der berühmte innen noch flüssige Schokoladekuchen gibt es bei uns seit 1996. Das Rezept funktioniert nach dem Prinzip „KISS" – Keep It Simple and Stupid! Also auf gut österreichisch gesagt: ein watscheneinfaches Rezept!

FÜR DEN BITTER-SCHOKOLADE-GÂTEAU
3 Eier
3 Eidotter
80 g Zucker
160 g Bitterschokolade Amer
160 g Butter
40 g griffiges Mehl

FÜR DAS KUKURUZSORBET
150 g eingelegte, frische oder tiefgekühlte Maiskörner
20 g Butter
6 cl Bourbon
150 ml Läuterzucker (1 Teil Wasser mit 1 Teil Zucker fünf Minuten verkochen)
2 Eiklar

FÜR DEN SÜSSEN PAPRIKA
2 rote Paprika, geschält
50 g Zucker
Prise Salz
2 g Butter
Spritzer Weißweinessig

Für den Bitterschokolade-Gâteau Eier mit Eidottern und Zucker schaumig rühren. Schokolade und Butter gemeinsam zum Schmelzen bringen und in die Eiermasse mischen. Dann das Mehl unterheben. Kleine Schalen mit Butter bestreichen, die Masse einfüllen und über Nacht im Kühlschrank rasten lassen. Im Backrohr bei 180 °C 12 Minuten lang backen. Noch heiß stürzen.
Für das Kukuruzsorbet die Maiskörner in Butter anschwitzen und mit Bourbon flambieren. Mit Läuterzucker ablöschen und die Maiskörner weich kochen. Vom Herd nehmen, gut durchmixen und durch ein Sieb passieren. Eiklar zu einem festen Schnee schlagen und unter die Kukuruzmasse heben. Dann in der Eismaschine frieren lassen. Stellt man es in den Tiefkühler, muss das Sorbet alle 20 Minuten gut durchgerührt werden.
Für den süßen Paprika die geschälten Paprika klein schneiden, mit Zucker und Salz würzen. In einem Topf Butter erhitzen, Paprika darin weich dünsten. Vom Herd nehmen, mit einem Pürierstab mixen und mit Weißweinessig abschmecken.
Bitterschokolade-Gâteau auf Tellern anrichten, mit süßem Paprika und Kukuruzsorbet garnieren.

WEIN 2003 SHIRAZ MARIA'S VINEYARD, PFNEISL, FRANKENAU
Dichter Körper, vollfruchtige Aromatik mit einem Touch schwarzer Oliven, langer Abgang mit französischer Eleganz

Schokoladetrüffel
gebacken mit Lebkuchenschaum

Die Idee im Schnelldurchgang: Schokoladepralinen paniert, kurz frittiert und schon ist die süße Geschmacksexplosion für den Gaumen fertig. Funktioniert auch im Asia-Style mit Tempurateig!

FÜR DIE SCHOKOLADETRÜFFEL
300 g Bitterschokolade
50 g Obers
150 g Butter
2 cl Cognac

FÜR DIE PANIER
50 g glattes Mehl
2 Eier
100 g Weißbrotbrösel
100 g geröstete Mandelbrösel

Fett zum Backen
Staubzucker zum Bestreuen

FÜR DEN LEBKUCHENSCHAUM
$^1/_5$ l Obers
50 g Zucker
1 TL Vanillezucker
Prise Salz
1 Gewürzsackerl (mit Pimentkörnern, Zimtstange, Kardamom, 3 Nelken und 2 Sternanis)
Schale von 1 Zitrone
2 cl Rum

Für die Schokoladetrüffel Schokolade schmelzen, Obers aufkochen und beides vermischen. Schoko-Obers-Mischung glatt rühren. Butter schaumig schlagen und die Schoko-Obers-Mischung löffelweise dazugeben. Den Cognac erst zum Schluss einrühren. Die Masse 2 Stunden lang in den Kühlschrank stellen. Dann Kugeln daraus formen und diese nochmals 20 Minuten kühlen lassen.
Kugeln zuerst in Mehl, dann in verquirlten Eiern und einer Weißbrot-Mandelbröselmischung panieren. Schokoladetrüffel in heißem Fett frittieren und mit Staubzucker bestreuen.
Für den Lebkuchenschaum Obers mit Zucker, Vanillezucker und Salz auf 50 °C erhitzen. Das Gewürzsackerl und Zitronenschalen beigeben und zugedeckt 30 Minuten ziehen lassen. Mit etwas Rum abschmecken, abseihen und schaumig aufschlagen.
Auf Tellern je fünf Schokoladetrüffeln auf dem Lebkuchenschaum anrichten.

WEIN NV PORT „SOTTO VOCE", BURMESTER, PORTUGAL
(erhältlich bei www.gawein.at)
Aromen von Brombeeren, Himbeeren und Cassis auf einem Hintergrund von Röstaromen und Schokolade

Soufflé

Französische und viel elegantere Bezeichnung für Auflauf. Besteht aus einer feingewürzten Masse, die durch Beigabe von Eischnee beim Garen an Volumen gewinnt. Ob ein Soufflé aufgeht oder nicht, hängt rein von der Übung ab. Wichtig: Den Eischnee nicht zu viel schlagen, er sollte weich und elastisch sein, und am Anfang der Garzeit das Backrohr nicht öffnen. Sofort servieren, damit das Soufflé keine Chance hat, zusammenzufallen. *Soufflé mal drei, S. 142*

Spätrot-Rotgipfler

„Spätrot" ist ein Synonym für den Zierfandler. Trotz des Zungenbrechers hat sich der Name für die traditionelle Gumpoldskirchner Cuvée durchgesetzt.

Spaetrot, Gebeshuber
Winzer

Wenn wir Preise vergeben würden, dann wäre das Weingut von Johanna und Johannes Gebeshuber für eine Topplatzierung in zwei Kategorien Favorit: zum ersten für den imposantesten historischen Kellerbau des Landes, und zum zweiten für die charmanteste, quirligste und vergnügteste Winzerin im Lande. Der „Luegerkeller" mitten im Zentrum Gumpoldskirchens wurde 1905 vom Wiener Bürgermeister Karl Lueger als „Wiener Rathauskeller" erbaut und sollte der Reichs-, Haupt- und Residenzstadt die Möglichkeit bieten, Weine aus allen Gebieten der Doppelmonarchie aufzunehmen, um sie dann im Wiener Rathaus zu servieren. Johanna („Pipsi") und Johannes Gebeshuber stehen für naturnahe, intensive Bearbeitung der Weingärten und größte Sorgfalt bei der Weinbereitung. Man muss den weltgewandten Hannes nur einmal beim Tüfteln beobachten, wenn es ihm darum geht, an sich ohnehin der Perfektion nahe Weine einfach noch um ein Alzerl besser zu machen. (Dass der Schraubverschluss inzwischen bei allen Weinen zum Einsatz kommt, sei nur am Rande erwähnt.) Wer hier die klassischen Gumpoldskirchner – Zierfandler und Rotgipfler – sucht, wird mit archetypischen Weinen belohnt. *Jubiläumsstraße 43, 2352 Gumpoldskirchen, Tel.: 02252/611 64, www.spaetrot.com*

Stadlmann, Johann
Winzer

„Weinbau ist die schönste Verbindung von Landwirtschaft, Handwerk und Kunst" – das Motto von Johann („Hans") und Michaela („Michi") Stadlmann zeugt von hohem weinkulturellen Verständnis. „Weinbau bedeutet vor allem, Balancen zu halten, Harmonien zwischen Gegensätzen herzustellen: Ein guter Winzer ist unaufgeregt, aber aufmerksam und aktiv, er sucht die Innovation und ehrt die Tradition, er sammelt internationale Erfahrungen und setzt sie lokal um." Klein und fein: der Heurige. Nur fünfmal im Jahr ist für etwa zehn Tage ausg'steckt, jedesmal mit einem speziellen Thema. Legendäre Spezialität: Backhendl. *Wiener Straße 41, 2514 Traiskirchen, Tel.: 02252/523 43, www.stadlmann-wein.at*

St. Laurent

Verwandte Reben des Pinot Noir, aus einem Samen der Sorte gezogen. Ergibt ein breites Spektrum an Rotweinen, von hell, duftig und charmant (wie Pinot Noir) bis zu dicht, füllig und kraftvoll.

Steinbutt

Wie die Seezunge ein Plattfisch mit festem, schneeweißem Fleisch und leicht nussigem Geschmack. Verdankt seinen Namen den steinähnlichen Verkrustungen auf der dunklen Hautseite, die ungenießbar ist. Am besten schmecken große Steinbutte ab ca. 2–3 kg, die aromatischer als Babysteinbutte sind. Steinbutt aus dem Wildfang ist zwar doppelt so teuer, ist aber reiner im Geschmack und hat festeres Fleisch. *Steinbutt im Ganzen, S. 144*

Steinpilzmehl

Hanner-Tipp: „Der grün-gelbliche Bart der Steinpilze, vor allem der großen, ist nicht sehr attraktiv. Ich löse die Schwämme vorsichtig von den Pilzen, hacke sie klein und trockne sie bei 60 °C im leicht geöffneten Rohr. Die Stücke mahle ich dann in einer Kaffeemühle zu Steinpilzmehl. Dieses verwende ich zum Würzen oder ersetze bei hausgemachten Nudeln einen Teil des Mehls durch Steinpilzmehl und bekomme auf diese Art Pilznudeln. Auch als Würzmittel für Saucen, Suppen und Gemüse ist das Mehl ein Hit."

Straitz & Straitz
Winzer

„Straitz & Straitz", der Firmenname, steht für Klaus (33), der seit 12 Jahren im Betrieb verantwortlich tätig ist, seine Frau Evelyn und Mama Elisabeth, die das seit 1781 in Familienbesitz befindliche Weingut mit fünf Hektar Weingartenfläche bewirtschaften. 60% der Weingärten sind weiß, 40% rot ausgesetzt. Neben den traditionellen Südbahnjuwelen Rotgipfler und Zierfandler gibt es Welschriesling, Riesling, Neuburger, Grünen Veltliner, Blauen Portugieser, Zweigelt, Pinot Noir und Cabernet Sauvignon. Die Produktpalette, die die gesamte Bandbreite von leichten, frischen Weinen bis zu edelsüßen Hochprädikaten umfasst, wird noch von einigen Spezialitäten ergänzt: Traubensaft, Frizzante, Destillate und Essig (gebraut vom Spezialisten Erwin Gegenbauer). Drei Weine werden zu Trüffelpralinen verarbeitet, den ersten Gumpoldskirchner Weinpralinen. Siebenmal im Jahr ist ausgesteckt, der Heurige ist eine Reise wert. *Kirchengasse 4, 2352 Gumpoldskirchen, Tel.: 0664/497 49 83, www.straitz.com*

Ströhle, Karl-Heinz

KUNST BEI HANNER

Jahrgang 1957, lebt und arbeitet in Wien. Beschäftigt sich in seinem plastischen und grafischen Werk mit Bewegung und der Raumhaltigkeit von Konturen. Seine Bilder – eigentlich im Computer generierte Fotografien der bewegten Skulpturen, die auf Leinwand gedruckt werden – schließen inhaltlich eng an seine Plastiken an.

Süßwein

Österreichs geheime Weltklasseabteilung. Unsere Edelsüßen, vor allem aus dem Burgenland, stehen den besten Edelsüßen aus Deutschland, Frankreich und Ungarn um nichts nach. Alois Krachers Spezialdomäne.

Syrah

Wunderbar tiefe, dunkelwürzige Rotweinrebe aus dem Rhônetal, seit einigen Jahren mit beachtlichem Erfolg in Österreich angebaut (im Burgenland sogar im Qualitätsrebsortiment verankert), sowohl solo als auch in der Cuvée.

Schweineohren

Der süßeste Knabberhit seit Franzosen Blätterteig machen. Hohe Suchtgefahr!

1 Rolle Blätterteig
Staubzucker
Gewürze nach Jahreszeit (Pfeffer, Kardamom, Zimt …)

Blätterteig ausrollen, mit Staubzucker und Gewürzen nach Lust und Laune bestauben. Von links und rechts so zur Mitte hin einrollen, dass sich die beiden Rollen in der Mitte treffen. In den Kühlschrank stellen und 1 Stunde gut kühlen lassen. Dann herausnehmen und in 3 mm dicke Scheiben schneiden. Auf ein Backpapier legen und im Backrohr bei 180 °C ca. 15 bis 20 Minuten lang goldbraun knusprig backen.

Seezunge mit Trüffel
Ochsenmark und Kerbelknollenpüree

Die große Seezunge, gefangen vor der Bretagne, auch Dover Sole genannt, ist mit Abstand die beste Seezunge, die man bekommen kann. Kaufen Sie lieber keine Filets, sondern nur große Seezungen von 800 g aufwärts, da sind die Filets so richtig dick und fleischig. Ihr Fischhändler wird sie gerne filetieren! Vergewissern Sie sich aber vorher, dass sie wirklich frisch sind. Frischetest: Geruch, klare Augen, rote Kiemen und steifer, fester Körper!

2 Atlantikseezungen (à 800 g)
6 cl Olivenöl
2 Schalotten, geschält und in dünne Scheiben geschnitten
150 g Röstgemüse (Karotte, Sellerie, Lauch)
1 TL Tomatenmark
4 cl Madeira
1 Zweig Rosmarin
3 Zweige Thymian
1 Lorbeerblatt
20 g Périgord-Trüffel
1/8 l Trüffelfond
50 g kalte Butterwürfel
Salz, Pfeffer

FÜR DAS KERBELKNOLLENPÜREE
250 g Kerbelknollen (Kerbelrüben)
20 g Butter
100 ml Obers
100 ml Geflügelfond
1/2 Bund Kerbel
Salz, Muskatnuss

Saft und Schale von 1/2 Zitrone
3 EL Olivenöl
20 g Butter
1 Zweig Thymian
10 g Ochsenmark, in dünne Scheiben geschnitten
Maldonsalz

Die Haut der Seezungen mithilfe eines Küchentuches abziehen und die Fische filetieren. Die Innereien entfernen und die Karkassen gut wässern.
In einem Topf Olivenöl erhitzen und die Karkassen darin anrösten. Wenn sie etwas Farbe angenommen haben, die Schalotten und das Röstgemüse zugeben. Kurz durchrösten und Tomatenmark untermischen. Mit Madeira ablöschen und mit 1 l Wasser auffüllen. Rosmarin, Thymian und Lorbeerblatt einlegen und die Sauce auf die Hälfte einreduzieren. Dann durch ein Sieb passieren, mit Salz und Pfeffer würzen. 10 g Trüffel in dünne Scheiben schneiden und beiseite stellen. Die restliche Trüffel fein hacken und mit dem Trüffelfond in die Sauce geben. Zum Schluss mit kalten Butterwürfeln binden.
Für das Püree Kerbelknollen waschen, schälen und in Würfel schneiden. In einer Kasserolle Butter erhitzen, Kerbelknollenwürfel darin anschwitzen. Obers und Geflügelfond zugießen, aufkochen und die Kerbelknollen weich kochen. Vom Herd nehmen, im Mixer pürieren und durch ein feines Sieb drücken. Kerbel fein hacken und einmischen, mit Salz und Muskatnuss abschmecken.
Seezungenfilets salzen, pfeffern und mit etwas Zitronensaft beträufeln. In der Pfanne Olivenöl und Butter erhitzen, Zitronenschalen und Thymian einlegen und die Seezungenfilets darin bei mittlerer Hitze braten. Dabei immer wieder mit einem Löffel die Olivenöl-Buttermischung über den Fisch gießen.
Mit dem Kerbelknollenpüree einen Streifen auf vier Tellern ziehen, je zwei Seezungenfilets darauf setzen. Mit den beiseite gestellten Trüffel- und den Ochsenmarkscheiben belegen und mit der Sauce umgießen. Die Trüffel- und Ochsenmarkscheiben mit zwei Maldonsalzkristallen garnieren.

WEIN 2002 CHARDONNAY TATSCHLER, KOLLWENTZ, GROSSHÖFLEIN
Duft nach reifen, gelben Früchten mit exotischen Anklängen, füllig, geschmeidig und mineralisch, sehr lang, großer Wein

Soufflé mal drei

Das Dessert mit der größten Hemmschwelle. Versuchen Sie dieses einfache Rezept und beachten Sie dabei, dass das Eiklar gut vom Eidotter getrennt ist. (Es darf kein Tropfen Eidotter im Eiklar sein!) Der Kessel zum Schneeschlagen muss fettfrei und kalt ausgespült sein. Den Eischnee wirklich nur halbsteif schlagen, sonst ist er zu steif und fällt leicht wieder zusammen!

12 Eidotter
120 g Staubzucker
120 g Butter
1 Vanilleschote
je eine Zitronen- und Orangenzeste
40 g Nougat
40 g weiße Schokolade
40 g Bitterschokolade
12 Eiklar
50 g Kristallzucker
Butter für die Formen
Fruchtmark je nach Saison
Salz

Eidotter mit Staubzucker und Butter schaumig rühren. Dann Vanilleschote, Zitronen- und Orangenzesten sowie eine Prise Salz einmischen.
Nougat, weiße und dunkle Schokolade extra über Wasserdampf erwärmen und jeweils mit $1/3$ der Masse gut vermischen.
Eiklar mit einer Prise Salz anschlagen. Kristallzucker zugeben und zu einem festen Schnee schlagen. Diesen dritteln und vorsichtig unter die drei Massen heben.
Dariolförmchen mit Butter ausstreichen und die Massen einfüllen. In ein Wasserbad stellen und im Backrohr bei 180 °C ca. 12 Minuten lang aufgehen lassen. Noch heiß mit frischem Fruchtmark servieren.

WEIN 2002 MOSCATEL MOLINO REAL, TELMO RODRIGUEZ, MALAGA
Überraschend frischer Muskatduft mit intensiven, blumigen und fruchtigen Noten, frisch und elegant

Johann und Cäcilia Hanne

Heinz Viktor und Hund Ella

S STEINBUTT

Steinbutt im Ganzen
mit Fenchel und Estragonmousseline

$^1/_{16}$ l Estragonessig
1 l trockener Weißwein
2 Schalotten, fein geschnitten
je 5 Stängel Petersilie, Estragon und Kerbel
2 Lorbeerblätter
schwarze Pfefferkörner
1 Steinbutt (à 2 kg)
Salz, Pfeffer
grobes Meersalz

FÜR DEN FENCHEL
2 Fenchelknollen
Olivenöl zum Braten
1 g Safran
Saft von 2 Paradeisern
Spritzer Pernod

FÜR DIE ESTRAGONMOUSSELINE
7 Eidotter
$^1/_8$ l Weißwein
$^1/_{16}$ l Estragonessig
200 g lauwarme Butter
5 Zweige Estragon

Das Geheimnis dieser Zubereitungsart, die wirklich einfach und beeindruckend ist, ist der wild gefangene Steinbutt. Ein gutes Beispiel für die viel zitierte Produktküche, die übrigens auch die Hanner-Küchenphilosophie umreißt: „Man nehme das beste Produkt und mache so wenig wie nötig damit!" Daher haben wir dieses Rezept bewusst einfach beschrieben, schließlich hat ja nicht jeder eine Profiküche mit vielen Helferleins zu Hause.

Essig, Weißwein, Schalotten, Kräuter und Gewürze gemeinsam aufkochen und auf ein Drittel einkochen. In einen großen Bräter oder in ein tiefes Backblech leeren. Steinbutt salzen, pfeffern und in den Sud legen. Im Backrohr zugedeckt bei 180 °C ca. 40 Minuten lang garen.
Fenchel in Stücke teilen, mit Salz und Pfeffer würzen. In einer Kasserolle Olivenöl erhitzen, Fenchel darin goldgelb braten. Safran zugeben, mit Paradeisersaft untergießen und etwas schmoren lassen. Zum Schluss mit Pernod abschmecken.
Für die Estragonmousseline in einem Schneekessel Eidotter mit Weißwein, Estragonessig, Salz und Pfeffer langsam über Wasserdampf cremig aufschlagen. Vorsichtig die lauwarme Butter einrühren und mit frischem, geschnittenem Estragon vollenden.
Steinbutt filetieren und mit Meersalz bestreuen. Den Fenchel und die Estragonmousseline dazu servieren.

WEIN 2003 CHARDONNAY LORES, REINISCH, TATTENDORF
Reife Früchte und Vanillenoten, etwas nussig und Biskuit, feine Röstaromen und cremige Fruchtnoten am Gaumen, feine Vanillewürze, lang

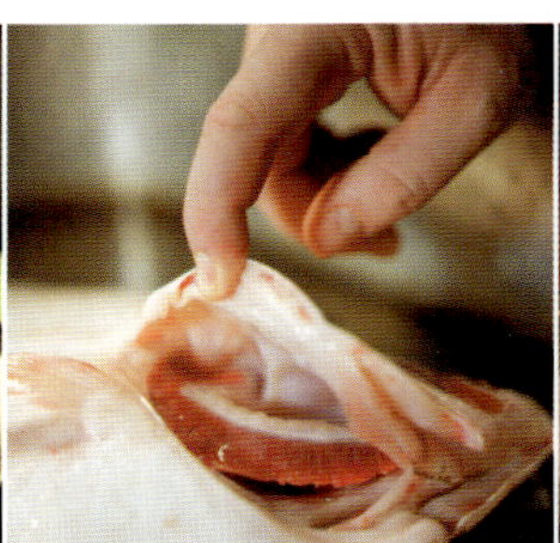

T TAFELSPITZ

Tafelspitz vom Milchkalb
rosa gedämpft, mit knusprigen Stampferdäpfeln

Nicht immer muss der Tafelspitz vom Rind sein. Die zarte Variante ist vom Kalb, verlangt kürzere Garzeiten, ist bestens für den kleinen Haushalt geeignet und lässt sich geschmackvoll rosa garen … Ja, Sie lesen richtig: rosa Tafelspitz!

1 Kalbs-Tafelspitz (ca. 1 kg)
2 l Suppe
1 Gemüsebouquet (Wurzelwerk/Suppengrün)

FÜR DIE STAMPFERDÄPFEL
600 g gekochte, mehlige Erdäpfel
1/8 l Obers
Salz, Kümmel
3 EL Butterschmalz

FÜR DIE RAHMSAUCE
1/4 l Suppe
250 g Crème fraîche
1 TL Senf
Spritzer Weißweinessig
1 EL geschlagenes Obers
Kren
Salz, Pfeffer

FÜR DAS GEMÜSE
1 Karotte
1 gelbe Rübe
1 Kohlrabi
200 g Blattspinat
1 EL Butter
Salz, Pfeffer

FÜR DIE GARNITUR
frisch gerissener Kren
1 TL Kernöl
einige Schnittlauchhalme

Den Tafelspitz in der Suppe mit dem Gemüsebouquet zugedeckt im Backrohr bei 85 °C ca. drei Stunden lang ziehen lassen.
Für die Stampferdäpfel die gekochten und geschälten Erdäpfel mit Obers klein stampfen. Mit Salz und Kümmel würzen. Aus der Erdäpfelmasse mit einem Löffel Nockerln ausstechen und diese in heißem Butterschmalz knusprig braten.
Für die Rahmsauce Suppe auf die Hälfte einreduzieren. Crème fraîche und Senf zugeben und etwas mitkochen lassen. Mit Salz, Pfeffer und Essig abschmecken, mit geschlagenem Obers und Kren vollenden.
Karotte, gelbe Rübe und Kohlrabi schälen, klein schneiden und in Salzwasser weich kochen. Geputzten Spinat kurz in Butter anziehen lassen und mit dem restlichen Gemüse vermischen. Mit Salz und Pfeffer würzen.
Tafelspitz in Scheiben schneiden, auf Gemüse mit der Rahmsauce und den Stampferdäpfeln anrichten. Mit frisch gerissenem Kren, Kernöl und Schnittlauch garnieren.

WEIN 2004 TERRA O., J. HEINRICH, DEUTSCHKREUTZ
Terra oppidorum ist die lateinische Bezeichnung für das Burgenland. Die Cuvée aus Blaufränkisch, Cabernet Sauvignon, Merlot, Syrah und Pinot Noir ist eine gelungene Symbiose aus autochthonen und internationalen Rebsorten.

T
TAUBE

Taube von der Hohen Reith
in der Lehmkruste mit Périgord-Trüffel und jungem Spinat

Rudi H. von der Hohen Reith nahe dem Pielachtal züchtet die besten Tauben (bis 700 Gramm Gewicht) exklusiv für Hanner, und er braucht sich dabei keinesfalls hinter den französischen Bresse-Lieferanten zu verstecken.

4 Tauben von der Hohen Reith (oder aus der Bresse)
4 Rosmarinzweige
20 g Butter
2 kg Lehm oder Töpferton
8 Wacholderbeeren
12 Pfefferkörner
Salz, Pfeffer

FÜR DIE SAUCE
1 Périgord-Trüffel, in Scheiben geschnitten
2 cl Cognac
6 cl Madeira
100 ml Geflügelfond oder -suppe
30 g kalte Butter
100 g junge Spinatblätter

Tauben flämmen, innen und außen salzen und pfeffern. Je 1 Rosmarinzweig in die Bauchöffnung stecken und in Butter scharf anbraten.
Den Töpferton 2 mm dick auswalken, in vier Quadrate teilen und jeweils eine Taube darauf setzen. Wacholderbeeren und Pfefferkörner leicht andrücken und die Tauben damit bestreuen. Die Tauben im Ton einschlagen und im Backrohr bei 180 °C ca. 20 Minuten lang braten. Herausnehmen und im Ton rasten lassen.
Bratenrückstand in eine Pfanne geben und die Trüffelscheiben darin anschwitzen. Mit Cognac flambieren und mit Madeira ablöschen. Geflügelfond zugießen und kurz köcheln lassen. Mit kalter Butter montieren, salzen und pfeffern.
Spinat waschen, putzen und trocknen. Kurz durch die Sauce schwenken, sodass er noch knackig und nur lauwarm ist.
Die Sauce mit Trüffel und Spinat auf Tellern anrichten. Die Tauben aus dem Ton schlagen, tranchieren, Brust und Keulen auf die Sauce legen.

TIPP: *Dazu passen auch gut Rote-Rüben-Gnocchi. Dafür kocht man eine rote Rübe in Salz-Essigwasser mit Kümmel weich, diese anschließend schälen und pürieren. 2 EL des Rote-Rüben-Pürees unter eine Gnocchimasse mischen und eventuell noch mit ganz wenig Kümmel und einem Spritzer Apfel-Balsamessig würzen.*

WEIN 2002 QUINTA DO VALE DONA MARIA, FONSECA & VAN ZELLER, DOURO, PORTUGAL
(erhältlich bei www.gawein.at)
Hochinteressante portugiesische Cuvée, sehr vielschichtig, würzig, erdige Noten mit der Frucht von reifen dunklen Beeren. Elegant und tiefgründig.

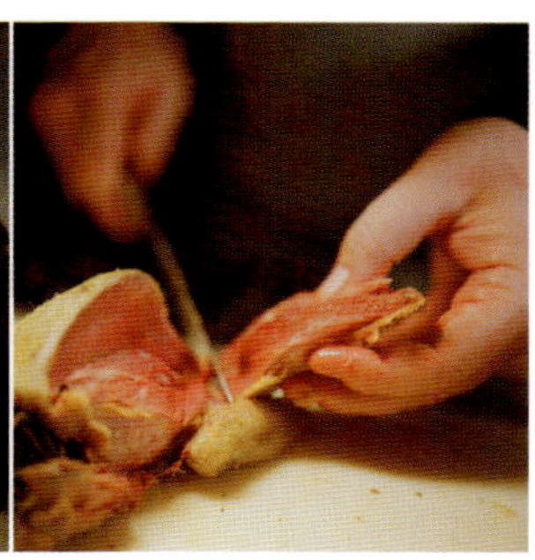

Tafelspitz

Weil Rindfleisch nicht gleich Rindfleisch ist, hat man in Wien bereits im 19. Jahrhundert einen genauen Katalog der einzelnen Teile des Rindes angelegt. Beim bis heute gültigen „Wiener Schnitt" kommt man auf beachtliche 25 verschiedene Qualitäten. Die einzelnen Teile unterscheiden sich nicht nur in Form und Fetthaltigkeit. Maßgebend ist der Anteil an Bindegewebe in den Muskelpartien. Davon hängt das Verhalten des Fleisches beim späteren Garen ab. Der Tafelspitz hat als gekochtes Rindfleisch den besten Ruf, er ist ein Teil der Keule, die zum Schwanz hin spitz ausläuft.
Tafelspitz vom Milchkalb, S. 146

Tauben

Sind monogame Vögel, die in lebenslanger Einehe leben. In der Küche werden sie wie Rebhühner oder Wachteln zubereitet und haben ein zartes, dunkles Fleisch.
Taube von der Hohen Reith, S. 148

Tee

Das wichtigste Getränk der Welt gibt es in unzähligen Sorten und Qualitäten. Hanners Teeuniversum umfasst ca. 100 verschiedene Tee- und Lagenraritäten.

Tempura

Vom Gemüse bis zu Meeresfrüchten – alles, was in Teig ausgebacken wird, nennt man in Japan Tempura. Dabei muss das Fett eine optimale Temperatur haben, da sonst das Backgut darin „ertrinkt". Entweder misst man die Temperatur mit einem speziellen Fett-Thermometer oder man überprüft sie mit dem Brotwürfeltrick: Weißbrot ins heiße Fett legen. Ist es nach knapp 1 Minute goldbraun, hat das Öl ca. 175 °C. Bräunt es in 1/2 Minute, liegt die Temperatur bei 190 °C und ist damit optimal für Tempura-Gerichte.

Thermomix

Das kleine Küchengenie kann rühren, pürieren, mixen und kneten, schroten, mahlen, zerkleinern, pulverisieren, dämpfen und wiegen, man kann damit kochen und garen – nur für den guten Geschmack sind Sie selbst zuständig.

Thunfisch

Vier Meter lang, bis zu 500 kg schwer, aber mit ca. 50 km/h unterwegs: Der rote Thunfisch ist ein richtiger Speedbolzen im Wasser. Er ist sehr beliebt wegen seines recht untypischen Geschmackes, was beim Kochen seine Tücken hat. Brät man ein Thunfisch-Steak zu lange, wird es trocken und schmeckt langweilig. Es muss im Kern noch glasig rot sein.
Thunfisch mit Sushireis, S. 152

Thymian

Für die alten Römer und mittelalterlichen Ritter das Kraut, das Mut verleiht. Es gibt an die 100 Thymianarten, alle mit einem intensiven Aroma, das auch bei hohen Temperaturen, z. B. im Backrohr, nicht verschwindet. Selbst getrockneter Thymian gibt noch viel her. Auf den höher gelegenen Wiesen im Wienerwald wächst wilder, stark aromatischer Thymian.

Tofu

Enthält ca. viermal so viel Eisen wie Fleisch, deckt ein Drittel des täglichen Bedarfes an Eiweiß und ist reich an Mineralstoffen und Vitaminen. Der geschmacksneutrale Tofu ist sehr aufnahmefähig für andere Aromen. Wie sehr, sieht man am „Vegetarischen Beuschel", das schon so manchen eingefleischten Beuschel-Liebhaber in einen Tofu-Fan verwandelte.

Vegetarisches Riesling-Beuschel aus Tofu, S. 162

Topinambur

Ein Knollengemüse, das wegen seiner Form gerne mit dem Erdapfel in einen Topf geworfen wird, in Wirklichkeit aber eine uramerikanische Sonnenblumenart ist. Bis vor kurzem wurde es noch als Wildfutter angebaut. Topinambur hat einen nussartigen Geschmack und eignet sich für Pürees, Suppen und Rohkostsalate. Seine Blüten sind sehr dekorativ und die jungen Blätter kann man wie Blattspinat zubereiten.

Tournedos

Kleine, runde Filetstücke, oft Medaillons genannt. Der Name kommt von tourner – französisch für „rund machen".

Tournedos Rossini, S. 154

Traminer

Völlig unterschätzte Weißweinrebe mit traubiger Frucht und deutlicher Rosen(holz)aromatik. In der Rebsortengenetik hat sie als Elternteil von Riesling, der Pinotgruppe, Sylvaner, Rotgipfler und Sauvignon, beim Grünen Veltliner und Zierfandler ihre Spuren hinterlassen. Zur Gänseleber gibt's nichts Besseres.

Trüffel

Von den 70 Trüffelarten kommt ca. die Hälfte aus Europa und da gibt es im Grunde nur zwei Sorten, die die Bezeichnung „Diamanten der Küche" wirklich verdienen. **Die weiße Trüffel** kommt vorwiegend aus dem Piemont und nur in kleinen Mengen aus Frankreich. Sie entfaltet ihr typisches Aroma bereits im Rohzustand und muss lediglich über ein Gericht gehobelt werden. **Die schwarze Trüffel** stammt aus dem Périgord, zum Teil auch aus Italien. Sie entwickelt ihr betörendes Aroma erst in aufwändigeren Kreationen.

● GARTEN

Bei Hanner wurde vor zwei Jahren ein Trüffelgarten angelegt, in dem prominente Österreicher jeweils einen Trüffelbaum pflanzten. Über die zu erwartende Ernte von schwarzen Burgundertrüffeln kann noch nichts gesagt werden, doch die Vorfreude ist groß.

● LAGERN

Weiße Trüffeln niemals in Reis lagern, sondern in Küchenpapier und Alufolie wickeln und in den Kühlschrank legen. Das Küchenpapier täglich wechseln, so bleiben die Trüffeln länger trocken und haltbar.

Trüffelrisotto-Cromesquis, S. 156

T THUNFISCH

Thunfisch mit Sushireis
Wasabikaviar und Mangold

Ein bisschen Asia-Style. Die leichte, zeitgemäße und unkomplizierte Vorspeise für alle Jahreszeiten!

240 g Thunfischfilet
7 EL Sesamöl
100 g Sushireis
1 Schuss Reisessig
4 Mangoldblätter
50 g Wasabikaviar
4 EL Sojasauce
Salz, Pfeffer

Thunfisch in vier Scheiben schneiden, mit Salz und Pfeffer würzen und mit 1 EL Sesamöl bepinseln. Auf einen Teller legen, mit Folie bedecken und im Backrohr 20 Minuten lang bei 65 °C temperieren.
In der Zwischenzeit den Sushireis unter fließendem kalten Wasser zwei Minuten lang spülen. In einem Topf 2 EL Sesamöl erhitzen und den Reis darin kurz anrösten. Mit Wasser bedecken, salzen und zudecken. Bei kleiner Flamme nur so lange dämpfen, dass er noch kernig ist. Zum Schluss mit Reisessig säuern.
Mangoldblätter waschen und trocken tupfen. 1 EL Sesamöl erhitzen, Mangold darin kurz sautieren.
Je ein Mangoldblatt auf einen Teller legen. Mit dem Sushireis darauf einen 1 cm hohen Sockel errichten und eine Scheibe Thunfisch aufsetzen. Wasabikaviar in einen Spritzsack geben und auf den Thunfisch dressieren. Sojasauce mit dem restlichen Sesamöl gut verrühren und extra dazu servieren.

WEIN 2004 IMPÉRIAL WEISS (CHARDONNAY-SAUVIGNON-SÉMILLON), SCHLOSS HALBTURN, HALBTURN
Zart blumig mit Röstaromen und Gewürzen, Cassisaromen, elegant und kraftvoll zugleich, langer Abgang

T TOURNEDOS

Tournedos Rossini
vom Atterochsen

Ein großer Küchenklassiker, nach Gioacchino Rossini, dem Komponisten des „Barbier von Sevilla" und „Wilhelm Tell", benannt! Die Besonderheiten an diesem Gericht: der Atterochs von LandArt und die Pommes Soufflées, deren Kunst in Österreich wahrscheinlich nur in Mayerling beherrscht wird.

600 g Filet vom Atterochsen
120 g Butter
1 kleine Knolle frische oder eingelegte Périgord-Trüffel
$^1/_{16}$ l Madeira, auf die Hälfte eingekocht
200 ml Rindsjus (siehe S. 115)
20 g Gänseleber
Mehl zum Bestauben
4 Scheiben Toast
Maldonsalz
Salz, Pfeffer

Das Filet vom Atterochsen in vier gleich große Tournedos schneiden, salzen und pfeffern. In 20 g Butter scharf anbraten und anschließend im Backrohr bei 150 °C ca. 7 Minuten (je nach Fleischdicke) ziehen lassen. Herausnehmen, in Alufolie wickeln und rasten lassen.
Trüffelknolle gut waschen und in dünne Scheiben schneiden. Die Anschnitte der Knolle für die Sauce klein schneiden. Die Trüffelscheiben werden zum Garnieren verwendet.
Trüffelabschnitte in 20 g Butter anschwitzen und mit Madeira ablöschen. Mit Rindsjus aufgießen und langsam auf die Hälfte einreduzieren. Zum Schluss mit 20 g kalter Butter binden.
Die Gänseleber in vier Scheiben schneiden, salzen und pfeffern. Mit Mehl bestauben und in 20 g heißer Butter kurz beidseitig scharf anbraten. Herausnehmen und rasten lassen.
Toastscheiben mit einem Ausstecher von 6 cm Durchmesser rund ausstechen. In einer Pfanne 40 g Butter erhitzen und Toastscheiben darin beidseitig anbraten. Auf Tellern anrichten und jeweils zunächst mit einem Tournedo und dann mit einer Gänseleberscheibe belegen. Mit Trüffelscheiben garnieren, mit Maldonsalz bestreuen und mit der Trüffelssauce umgießen. Dazu passen Pommes Soufflées (*siehe S. 90*).

WEIN 2000 BLAUFRÄNKISCH MARIENTAL, ERNST TRIEBAUMER, RUST
Dunkle Beeren, reife Kirschen, rauchige Röstnoten nach Kaffee und Mokka, dunkle Schokolade, konzentrierte Frucht am Gaumen, druckvoll, zupackend, sehr kräftiges, seidiges Tannin, sehr lang

T TRÜFFELRISOTTO

Trüffelrisotto-Cromesquis
mit Hummer und Spinat

Spannend bei diesem Rezept sind die unterschiedlichen Konsistenzen – knackiger Hummer, zarter Spinat, knusprig panierter Risotto außen und cremige Fülle innen. Ein weiterer Vorteil: Es ist gut vorzubereiten.

FÜR DEN RISOTTO
2 cl Olivenöl
3 Schalotten, in feine Würfel geschnitten
150 g Risottoreis (Villo Nano)
1/8 l trockener Weißwein
300 ml Geflügelfond
1/8 l Obers
25 g schwarze Trüffel, in Würfel geschnitten
25 g Butter
25 g Parmesan, gerieben

Eier, Mehl und Weißbrotbrösel zum Panieren
Rapsöl zum Backen
2 Atlantik-Hummer (à ca. 400 g)
50 g braune Butter
250 g junger Spinat
25 g Butter
Muskatnuss
Salz, Pfeffer

Für den Risotto in einem Topf Olivenöl erhitzen, Schalotten darin farblos anschwitzen. Reis zugeben, kurz durchrösten und mit Weißwein ablöschen. Mit Geflügelfond auffüllen und unter ständigem Rühren al dente kochen. Dann Obers und schwarze Trüffel einmischen, mit Butter und Parmesan vollenden. Der Risotto sollte noch etwas flüssig und cremig sein, auf keinen Fall zu trocken oder zu fest!
In kleine, rechteckige Schalen oder Formen füllen und im Kühlschrank oder Tiefkühler fest werden lassen. Vor dem Servieren herausnehmen, mit Ei, Mehl und Bröseln panieren. Dann in 160 °C heißem Rapsöl herausbacken, so werden die Risotto-Cromesquis innen heiß und cremig-flüssig.
Hummer in heißem Wasser drei Minuten lang kochen lassen. Die Scheren um zwei Minuten länger kochen. Die Scheren und Gelenke auslösen und in brauner Butter warm halten. Beim Hummerschwanz auf der Rückseite mit einem kleinen Schnitt den Darm entfernen, in Medaillons schneiden und zu den Scheren in die Butter legen.
Jungen Spinat waschen und trocknen. In einer Kasserolle Butter zerlassen und den Spinat darin nur kurz auf lauwarm erwärmen bzw. zusammenfallen lassen. Mit Salz, Pfeffer und Muskatnuss würzen.
Spinat auf den Tellern verteilen, mit Hummer belegen und mit etwas brauner Butter beträufeln. Die Trüffelrisotto-Cromesquis halbieren und daneben legen.

WEIN 2005 ROTGIPFLER GRAND SELECT, THIEL, GUMPOLDSKIRCHEN
Reife exotische Früchte, zarte Würzaromatik, weich und mollig, langer Abgang

V VANILLE

Vanillenockerln
gebacken mit Rumfrüchten

Die kleine Variante von Hanners Lieblingsdessert, den „Salzburger Nockerln", das er seit seinem achten Lebensjahr zubereitet. (Das führte damals bei vielen Bestellungen auch schon einmal zur Verzweiflung, da er sie mangels eines elektrischen Mixers nur mit Muskelschmalz herstellen musste.) Der Eischnee darf bei den Nockerln ruhig nahezu schnittfest geschlagen, aber keinesfalls überschlagen sein.

FÜR DIE RUMFRÜCHTE
1 Apfel
1 Birne
100 g Beeren (nach Saison)
100 g Weintrauben
2 Mandarinen
4 Dörrpflaumen
20 g Butter
etwas Zucker
4 cl Rum
Saft von 1 Orange
1 Zweig Rosmarin

FÜR DIE VANILLENOCKERLN
4 Eiklar
Prise Salz
Mark von 1 Vanilleschote
50 g Zucker
2 Eidotter
2 EL Mehl

Für die Rumfrüchte Apfel, Birne, Beeren, Weintrauben, Mandarinen und Dörrpflaumen klein schneiden. In einem Topf Butter erhitzen, die Früchte darin anbraten und mit Zucker karamellisieren. Mit Rum ablöschen und flambieren. Mit Orangensaft aufgießen, kurz mit Rosmarin einkochen und auf Tellern verteilen.
Eiklar mit Salz, Vanillemark und Zucker zu einem festen Schnee schlagen. Eidotter und Mehl vorsichtig unterheben. Mit einer Teigkarte daraus vier Nockerln formen und auf die Rumfrüchte setzen. Im vorgeheizten Backrohr bei 180 °C ca. 10 Minuten lang backen.

WEIN 2004 SPAETROT RESERVE, GEBESHUBER, GUMPOLDSKIRCHEN
Blumig-fruchtige Aromen, reif und sehr weich, eine Spur Würze und Mineralik, vielschichtig

Vanille

Als beste Qualität gilt die Bourbon-Vanille von der Insel Réunion, die im 19. Jahrhundert Bourbon hieß und damals wie heute als Zentrum des Vanille-Anbaus gilt. Bourbon-Vanille hat einen intensiven, „dunklen" ausgewogenen Geschmack. Vanille aus Mexiko ist etwas weicher und zurückhaltender im Aroma. Die Tahiti-Vanille, die von einer anderen, nahe verwandten Pflanze stammt, fällt durch einen Duft mit ungewöhnlichen, blütenartigen Komponenten auf. Sie gilt im Welthandel als minderwertig, weil der Geruch merklich von der Standard-Vanille abweicht. Die ideale Vanilleschote muss fest, aber biegsam sein. Harte, ausgetrocknete Stangen haben weniger Aroma.
HANNER-TIPP: Den besten Vanillezucker erhalten Sie, wenn Sie die ausgekratzten Vanilleschoten im Backrohr bei ca. 40–50 °C trocknen. Dann in der Kaffeemühle oder im Mixer zu Mehl mahlen und im Verhältnis 1 : 20 mit Staubzucker mischen. Gut verschlossen aufbewahren.

Vegetarier

Gab es immer schon aus religiösen Gründen, erst in der Neuzeit rückten ethische Aspekte in den Vordergrund. 1847 wurde in London die erste Vegetarian Society gegründet, die auf den Verzehr von Produkten verzichtete, die die Tötung eines Tieres voraussetzen (Fleisch, Fisch und Geflügel). Über Nahrungsmittel, die von Tieren produziert werden, gibt es unterschiedliche Ansichten:
Ovo-Lacto-Vegetarier essen Eier und Milchprodukte.
Lacto-Vegetarier verzichten auf Eier, nicht aber auf Milchprodukte.
Ovo-Vegetarier essen keine Milchprodukte, aber Eier.
Pescetarier essen wiederum kein Fleisch, jedoch Fisch und alle sonstigen Nahrungsmittel.
Veganer lehnen tierische Produkte auch über die Nahrung hinaus ab (Pelze, Bettfedern, Seide, Leder …)
Prominente Vegetarier sind u. a. Bryan Adams, Nina Hagen, Daryl Hannah, Woody Harrelson, Moby, Natalie Portman, Joaquin Phoenix, Dennis Rodman, Alicia Silverstone, Lisa Simpson.

Veigl, Willi

Lammzüchter & Schnapsbrenner

Er züchtet hervorragende Lämmer am Holzschlag und brennt außerdem ein paar regionaltypische Spirituosen wie z. B. Kriecherl. Leider hat er immer zu wenig, sodass Hanner immer wieder rationieren muss.

Vichyssoise

Nach der Stadt Vichy (Frankreich) benannte kalte Erdäpfelsuppe mit Lauch, die um 1920 von einem französischen Koch in Amerika kreiert wurde. Gilt heute als Synonym für kalte Erdäpfelsuppen mit Gemüse.

Vinaigrette

Kräuterdressing, bei dem es auf die optimale Balance der wenigen Zutaten ankommt. Das klassische Mengenverhältnis beträgt drei Teile Öl auf einen Teil Essig.

Vogerlsalat

Übersteht auch im Winter tiefste Temperaturen und hält sogar –15 °C aus. In Hanners Garten wird er täglich frisch geerntet.

V VEGETARISCH

Vegetarisches
Riesling-Beuschel aus Tofu

Die gute Nachricht für alle, die Beuschel lieben, aber in der Familie keine Verbündeten finden. Mit dieser Kreation, die Hanners liebster Fast-Vegetarierin Brigitta zu verdanken ist, gewinnen Sie sicher einige Fans!
Die Vorteile auf einen Blick:

- *einfache, schnelle Zubereitungsart,*
- *schaut aus wie Beuschel, schmeckt wie Beuschel, ist aber anstatt mit Fleisch mit Tofu gemacht und verblüffend identisch in Textur und Geschmack!*

1 kleine Zwiebel
1 Knoblauchzehe
20 g Butter
1/8 l trockener Riesling
1/4 l Gemüsefond
1/4 l Obers
1 EL Kapern, klein gehackt
1 EL Sardellenfilets, klein gehackt
1 Essiggurkerl, klein geschnitten
1 Msp. Senf
Spritzer Weißweinessig
Majoran
2 Karotten
2 Zucchini
1 Sellerieknolle
2 gelbe Rüben
500 g Tofu, neutral oder leicht geräuchert
1 EL geschlagenes Obers
Schuss Riesling
Salz, Pfeffer

Für die Sauce Zwiebel und Knoblauch schälen und fein schneiden. In Butter glasig anschwitzen und mit Riesling ablöschen. Auf die Hälfte einreduzieren, dann mit Gemüsefond und Obers aufgießen. Wieder auf die Hälfte einreduzieren, die klein gehackten Kapern, Sardellenfilets und das klein geschnittene Gurkerl dazugeben. Sauce gut durchmixen und durch ein Sieb passieren. Mit Senf, Essig sowie Salz, Pfeffer und Majoran abschmecken.
Karotten, Zucchini, Sellerie und gelbe Rüben putzen und in feine Streifen schneiden. Sämtliche Gemüsestreifen getrennt nach Sorten kurz in Salzwasser blanchieren.
Tofu in feine Streifen schneiden und mit dem blanchierten Gemüse in der Sauce erwärmen. Mit geschlagenem Obers und Riesling verfeinern.

WEIN 2004 RIESLING, STADLMANN, TRAISKIRCHEN
Überraschend frischer Duft nach Marillen und Pfirsich, sehr klar und präzise, mineralisch und elegant

Wacholder
Wacholderzweige wurden früher als Schutz gegen Hexen verbrannt. Heute würzt man mit den Beeren lieber Wildgerichte. Auch Gin und Genever werden aus den aromatischen Beeren gebrannt.

Wachtel
Die kleinste Art im Verein der Wildgeflügel und mit Rebhühnern verwandt. Werden nur mehr gezüchtet und wiegen zwischen 165 g (Hähne) und 190 g (Weibchen). Die kleinen, gesprenkelten Wachteleier sind dekorative Zutat bei Amuse-Bouche-Kreationen und in Salaten.

Wasabi
Scharfer, grüner asiatischer Kren, der zum Würzen verwendet wird. Gibt es entweder als Pulver, das mit ein wenig Wasser angerührt werden muss, oder als Paste, die man ohne Vorbereitung verwenden kann.
Siehe auch unter Kaviar – Wasabikaviar, S. 81

Wein
Welcher Wein zu welchem Essen schmeckt, ist letztlich subjektiv. Es gibt allerdings einen kleinen Leitfaden durch die grundsätzliche Harmonienlehre des Geschmacks.

KOMBINATIONEN, DIE PASSEN:

Säure und Fett: Weinsäure löst fettreiche Speisen auf. Diese wirken bekömmlicher und die Säure des Weines wirkt weniger aggressiv.

Süße und Säure: Fruchtsäuren von Obst verbinden sich gut mit Süßweinen. Der Wein schmeckt fruchtiger und frischer.

Süße und Süße: Besser und weniger süß als man glaubt. Darum passt eine Trockenbeerenauslese so gut zum Apfelstrudel.

Bitterstoffe (Tannine) und Fett: Neutralisieren einander weitgehend. Junge, unreife Weine werden recht brauchbar (z. B. Rotweine und fettreicher Käse).

Tannine und Röststoffe: Ähnlich wie oben – durch das in gebratenem und gegrilltem Fleisch enthaltene Protein präsentiert sich der Wein viel weicher, als er ist.

WAS NICHT FUNKTIONIERT:

Säure und Säure: Summiert sich zu einem metallischen Spektakel zwischen den Zähnen.

Tannine und Säure: Essig und Zitrone lassen die Gerbstoffe im Wein bitter wirken.

Säure und Salz: Addieren sich auf aggressive Weise.

Tannine und Salz: Unmöglich, harmonieren gar nicht.

Tannine und Süße: Bereits bei Bitterschokoladen scheiden sich die Geister.

● WEINKARTE UND WEINKELLER BEI HANNER

Die Weinkarte umfasst 1.600 Spitzenpositionen aus aller Welt, im Keller können sich Gäste selbst die passende Flasche auswählen. Neben einer Raritäten-Ecke finden sie dort auch die neuesten Geheimtipps aus der Thermenregion. Die glasweise zu den Menüs angebotenen Weinfolgen von leicht bis extraktreich bieten einen harmonischen Mix aus heimischen und internationalen Weinen. Der Hanner-Wein (Rosé, Weiß und Rot) wird jedes Jahr mit befreundeten Winzern abgefüllt.

WeinArt
Exquisiter Weinhandel, der von Carlo Wolf und seiner Tochter Katharina mit besonderer, individueller Beratung betrieben wird. Im Repertoire finden sich rote und weiße Burgunder, große, reife Bordeaux, Champagner, Rieslinge aus Österreich und die edelsüßen Verwandten von der Mosel sowie die besten Sauvignon Blancs der Welt. *www.weinart.at*

Weißburgunder
siehe Pinot Blanc, S. 109

Wienerwald
Ein hügeliges Bergland mit Höhen bis zu 890 m, der nordöstliche Ausläufer der Alpen. Auf den Abhängen im Osten breiten sich Teile von Wien aus, nach Süden fortgesetzt durch die Thermenlinie. Das Triestingtal begrenzt den Wienerwald nach Süden, die Große Tulln nach Westen. Im Norden fallen die Wienerwaldhöhen zum Tullnerfeld bzw. zur Donau ab. Der Wienerwald ist das beliebteste Naherholungsgebiet der Wiener und die grüne Lunge der Millionenstadt. Mayerling und der Hanner liegen in einem der schönsten Teile des Wienerwaldes südlich von Wien in der Nähe von Alland, Mödling, Heiligenkreuz und Baden.

Wild
Ganz aus der Mode gekommen ist der „Hautgout", jener scharf-süßliche Verwesungston, der beim längeren Abhängen von Wildbret entsteht. Was früher als Qualitätsmerkmal galt, verleidet heute vielen Menschen den Genuss. Deshalb wird zunehmend frisches Wildbret von Jungtieren serviert, das nicht so „wildelt". Im Wienerwald gibt es neben Hochwild wie Hirsch, Gams und Moufflon – ja wirklich, die gibt es am Eisernen Tor! – Wildschweine, Rehe sowie Wildgeflügel und Hasen.

● GEWÜRZ

Ihr ganz persönliches Wildgewürz ist schnell gemischt: Koriander, Piment, frischen Thymian, Rosmarin, Ingwer, Wacholderbeeren, Lorbeer, Salz und Pfefferkörner mit dem Cutter oder im Mörser mahlen und in einem Schraubglas aufbewahren. *Wildhasenpfeffer, S. 168*

Wildschwein
Ein Jagdwild im klassischen Sinne und in ganz Europa beheimatet. Am begehrtesten ist das Fleisch der Frischlinge, also von einjährigen Schweinen mit einem Gewicht von 25 bis 35 kg. Zweijährige Tiere (Überläufer) bringen etwa 50 kg auf die Waage und schmecken ebenfalls sehr gut. Der edelste Teil ist der Rücken. Kenner schätzen aber auch den Nacken, der – so wie beim Hausschwein – einen tollen Schweinsbraten ergibt.

Wolfsbarsch
Die Nummer eins der Fischküche. Das helle, feste Fleisch ist zum Braten, Grillen und perfekt zum Garen in der Salzkruste geeignet. Am besten schmeckt der edle Fisch, der bis zu 4 kg schwer wird, im Ganzen an der Gräte gebraten. Durch Züchtungen in Aquafarmen ist der Wolfsbarsch – in Italien Branzino, in Frankreich Bar genannt – zwar günstiger, aber geschmacklich ausdruckslos geworden. Wildfänge wie der Bar de ligne werden mit langen Leinen mit Haken und Köder gefangen und sind oberstes Gebot.

FÜR DIE SALZKRUSTE: 3 Eiklar, leicht geschlagen, mit 3 kg grobem Meersalz vermischen. Den Boden des Backblechs damit 2 cm dick belegen. Den ausgenommenen, gewaschenen, gepfefferten und mit Kräutern gefüllten Wolfsbarsch darauf legen und mit der Salzmasse 2 cm dick bedecken. Im Backrohr backen bis die Kruste ganz hart und trocken ist. Die Backdauer ist vom Gewicht des Fisches abhängig. Faustregel: pro 1 kg Fisch 20 Minuten im Rohr bei 180–200 °C backen. *Wolfsbarsch mit Artischocken, S. 172*

W WILDAPFEL

Wildapfel „Tarte Tatin"
mit Rosenblüteneis

Mein Lieblingsdessert seit den 80er Jahren, leicht vorzubereiten und schnell gemacht. Den Teig kann man selbstverständlich auch rund machen. Eine große Tarte mit einem Durchmesser von 20–30 cm reicht dann auch gleich einmal für drei bis vier Personen! Alternativen zum Rosenblüteneis: Vanille-, Haselnuss- oder fruchtiges Joghurt-Zitroneneis.

FÜR DAS ROSENBLÜTENEIS
1/4 l Milch
1/4 l Obers
50 g Kristallzucker
3 Duftrosen
6 Eidotter
1 cl Rosenblütenwasser
2 Blatt Gelatine, eingeweicht

FÜR DIE TARTE TATIN
250 g Blätterteig
50 g Butter
50 g Kristallzucker
80 g Wildäpfel (ersatzweise kleine Apfelspalten)

Für das Rosenblüteneis Milch, Obers und Zucker aufkochen. Die Rosenblüten einlegen und über Nacht darin ziehen lassen. Dann abseihen, Eidotter zugeben und unter ständigem Rühren vorsichtig auf 82 °C erhitzen. Rosenblütenwasser und die ausgedrückte Gelatine zugeben, anschließend in der Eismaschine gefrieren. (Alternative: in den Tiefkühler stellen und so lange alle 15 bis 20 Minuten mit dem Schneebesen gut umrühren, bis ein cremiges Eis entstanden ist.)
Den Blätterteig ausrollen, in vier ca. 10 x 15 cm große rechteckige Teile schneiden und mit einer Gabel kleine Löcher in den Teig stechen.
Die Böden von vier kleinen Stielpfannen dick mit Butter bestreichen und mit Zucker bestreuen. Die Äpfel in der Größe der Blätterteigteile darauf legen und mit dem Blätterteig belegen. In das auf 180 °C vorgeheizte Backrohr schieben und 15 Minuten lang backen. Der Blätterteig sollte leicht gebräunt, die Äpfel weich und der Zucker karamellisiert sein.
Die Tartes Tatin auf Teller stürzen und mit dem Rosenblüteneis servieren.

WEIN 1997 MUSKAT OTTONEL BEERENAUSLESE, KRACHER, ILLMITZ
Zarte Aromen nach Rosen, reifen Äpfeln und Orangen, Teeblätter, feine Würze

W WILDHASE

Wildhasenpfeffer

1 großer Wildhase

FÜR DIE MARINADE
1 Sellerieknolle, in kleine Würfel geschnitten
3 Petersilienwurzeln, klein geschnitten
2 Karotten, klein geschnitten
1 l Rotwein
250 ml Portwein
4 Lorbeerblätter
4 Thymianzweige
2 Rosmarinzweige
10 Wacholderbeeren, angedrückt
10 Pimentkörner
10 Pfefferkörner
2 Schalotten, in Ringe geschnitten
2 Knoblauchzehen, geschält

FÜR DIE SAUCE
$^1/_8$ l Rapsöl
1 Sellerieknolle, kleinwürfelig geschnitten
2 Petersilienwurzeln, klein geschnitten
1 Karotte, klein geschnitten
2 Schalotten, geschält
2 Knoblauchzehen, geschält
3 EL Tomatenmark
1 l Rotwein
250 ml Portwein
1 Lorbeerblatt
2 Thymianzweige
1 Rosmarinzweig
5 Wacholderbeeren, angedrückt
5 Pimentkörner
2 cl Le Gin von Graf Kœnigsegg
50 g kalte Butterwürfel
Salz, Pfeffer

FÜR DEN HASENPFEFFER
50 g Butter
3 EL Rapsöl
70 ml frisches Schweineblut (beim Fleischhauer vorbestellen)

FÜR DEN ROSA RÜCKEN
50 g Butter
2 Wacholderbeeren
1 Rosmarinzweig
1 Thymianzweig
Salz, Pfeffer

FÜR DIE GESCHMORTEN TRAUBEN
200 g große grüne und rote Weintrauben, geschält und entkernt
20 g Butter
2 cl Grappa
1 EL Zucker
$^1/_8$ l weißer Traubensaft
Salz, schwarzer Pfeffer aus der Mühle

FÜR DIE GRAPPAGNOCCHI
500 g mehlige Erdäpfel
1 Ei
150 g Mehl
8 cl Grappa
20 g braune Butter
Salz

FÜR DIE KOHLSPROSSEN
abgelöste Blätter von 8 Kohlsprossen
20 g Butter
50 g Preiselbeeren (oder Cranberries)
1 TL Zucker
Saft von 1 Orange
Salz, Muskatnuss

Ein bisschen aufwändig, aber der Lohn ist ein seltener Hochgenuss! Wir verwenden neben den Hasen aus dem Wienerwald und dem Steinfeld besonders gerne die Wildhasen aus der Gegend bei Schloss Halbturn. Deren Fleisch ist durch den unerlaubten, aber nicht zu verhindernden Genuss der süßen Weintrauben besonders geschmackvoll.

Zunächst für die Marinade alle Zutaten einmal aufkochen und auskühlen lassen.
Dann den Wildhasen zerlegen: Die Keulen und Schultern vom Rücken trennen und alles in die Marinade legen. Mit Frischhaltefolie abdecken und zwei Wochen lang in den Kühlschrank stellen. Danach Keulen, Schultern und Rücken aus der Marinade heben und trocken tupfen. Marinade abseihen und beiseite stellen.
Das Fleisch von den Keulen lösen und für den Hasenpfeffer in kleine Würfel mit ca. 3 x 3 cm Größe schneiden. Den Rücken auslösen, die Rückenstränge und die kleinen Filets beiseite stellen.
Für die Sauce die Knochen von Rücken und Keulen mit den beiden Hasenschultern klein hacken. In einem großen Bräter oder schweren Topf in Rapsöl bei großer Hitze rasch anbraten. Dann im Backrohr bei 220 °C weitere 40 Minuten braun rösten. Anschließend das Gemüse zugeben und 30 Minuten lang mitrösten. Den Bräter aus dem Ofen nehmen und auf der Herdplatte Tomatenmark unter ständigem Rühren vorsichtig rösten, bis es leicht gebräunt ist. Das Fett abgießen, nach und nach mit Rot- und Portwein untergießen, bis alles verdampft ist. Dann mit 3 l Wasser aufgießen, Gewürze und Kräuter zugeben und drei Stunden ▸

lang bei kleiner Hitze leise köcheln lassen. Dabei immer wieder den Schaum von der Oberfläche abschöpfen.
Anschließend durch ein feines Sieb leeren. 1/2 l davon für den Hasenpfeffer beiseite stellen und den Rest auf ein 1/4 l Sauce einreduzieren. Mit Salz, Pfeffer sowie Le Gin abschmecken und die kalten Butterwürfel einrühren.
Für den Hasenpfeffer das ausgelöste, klein gewürfelte Keulenfleisch in heißer Butter mit Rapsöl anrösten. Den Herd auf kleine Hitze zurückschalten und unter ständigem Rühren immer wieder mit der abgeseihten Marinade untergießen. Falls zu wenig Flüssigkeit vorhanden ist, mit der zuvor separierten Hasensauce und eventuell auch ein wenig Wasser aufgießen. Zudecken und ca. 1 1/2 Stunden weich schmoren.
Abschließend zum Binden das Blut einrühren und den Hasenpfeffer dabei keinesfalls mehr aufkochen, da die Sauce sonst gerinnt.
Für den rosa Rücken die Rückenstränge und Filets salzen und pfeffern. In einer Pfanne Butter erhitzen, das Fleisch darin bei mittlerer Hitze ca. sechs Minuten lang rosa braten. In den letzten zwei Minuten Wacholderbeeren, Rosmarin- und Thymianzweig einlegen. Herausnehmen, in Alufolie wickeln und zehn Minuten lang rasten lassen.
Für die geschmorten Trauben grüne und rote Weintrauben in Butter bei mittlerer Hitze kurz anbraten. Mit Grappa ablöschen und flambieren, mit Zucker und einer Prise Salz bestreuen und karamellisieren. Nach und nach den Traubensaft zugießen und die Trauben weich schmoren. Zum Schluss mit schwarzem Pfeffer würzen.
Für die Grappagnocchi Erdäpfel gut waschen und in der Schale weich kochen. Anschließend schälen, ausdampfen lassen und noch lauwarm durch die Kartoffelpresse drücken.
Die Erdäpfelmasse mit Ei, Mehl, Salz und 4 cl Grappa vorsichtig verkneten. Zudecken und 15 bis 20 Minuten lang rasten lassen.
Aus dem Erdäpfelteig eine kleine Rolle mit ca. 2 cm Durchmesser formen und alle 2 cm mit einer Teigkarte kleine Stücke abschneiden. Mit einer Gabel zu Gnocchi formen und diese in Salzwasser kochen. Achtung: Das Wasser darf nicht zu kräftig kochen, da sonst die Gnocchi auseinander fallen. Wenn die Gnocchi an der Oberfläche schwimmen, noch ca. zwei Minuten ziehen lassen. Herausheben, in brauner Butter schwenken und mit dem restlichen Grappa flambieren. Die abgelösten Blätter der Kohlsprossen in Butter anschwitzen. Preiselbeeren zugeben und mit Zucker karamellisieren. Mit Orangensaft ablöschen, mit Salz und ein wenig Muskatnuss würzen.
Die Kohlsprossenblätter mit den Preiselbeeren, den Grappagnocchi und den geschmorten Trauben auf einem großen Teller verteilen. Den Hasenpfeffer mit seiner Sauce und den in Scheiben geschnittenen Hasenrücken dazwischen arrangieren.

WEIN 2002 COMONDOR, ANITA & HANS NITTNAUS, GOLS
Dunkle Beeren, würzig, kräftige und reife Tannine, komplex und tiefgründig, langer Abgang

W WOLFSBARSCH

Wolfsbarsch
mit Artischocken und Ochsenmark

Nur der wild gefangene große Wolfsbarsch (auch Bar de ligne genannt) wird seinem berühmten Ruf gerecht. Leider ist er sehr teuer und meist nur gegen rechtzeitige Vorbestellung zu bekommen!
Ein kleiner Tipp: Fragen Sie Ihren Fischhändler nach den Saisonen und Fangzeiten der Fische, Muscheln und Krustentiere. Diese schmecken in der Hochsaison immer am besten und sind dazu preislich attraktiver!

1 großer Wolfsbarsch (à 3–4 kg)
3 EL Olivenöl
50 g Butter
2 Thymianzweige
2 Rosmarinzweige
1 Knoblauchzehe
250 g Markknochen (oder 50 g ausgelöstes Mark)
Salz, Pfeffer

FÜR DIE ARTISCHOCKEN
8 kleine geputzte Artischocken
Salz
Saft von 2 Zitronen
4 EL Olivenöl
2 Estragonzweige
schwarzer Pfeffer aus der Mühle
Maldonsalz

FÜR DIE PILZCREME
1 Schalotte
1 Knoblauchzehe
20 g Butter
250 g Pilze (Champignons, Steinpilze, Mandelpilze, Kräuterseitlinge …)
$^1/_{16}$ l Weißwein
$^1/_8$ l Obers
20 g kalte Butterwürfel
Salz, Pfeffer

Den Wolfsbarsch schuppen und filetieren. Dann in große Stücke teilen und mit Salz und Pfeffer würzen.
In einer Pfanne Olivenöl mit Butter erhitzen, die Wolfsbarschfilets auf der Hautseite darin bei mittlerer Hitze knusprig braten. Nach ca. 5 Minuten Kräuterzweige und Knoblauchzehe zugeben und die Filetstücke immer wieder mit einem Löffel Butter-Öl-Mischung übergießen. Die Filets sollen innen warm, aber glasig sein.
Für die Artischocken ca. 3 l Wasser mit Salz und Zitronensaft zum Kochen bringen und die geputzten Artischocken darin bissfest kochen. Herausnehmen und vor dem Servieren in Olivenöl schwenken. Mit Estragonblättern, schwarzem Pfeffer aus der Mühle und Maldonsalz würzen.
Das Ochsenmark aus dem Knochen drücken. In Scheiben schneiden und mit ca. 3 cm Durchmesser rund ausstechen. In eine Pfanne mit einem $^1/_{16}$ l Wasser einlegen und nur lauwarm erwärmen.
Für die Pilzcreme Schalotte und Knoblauchzehe schälen und fein schneiden. In Butter anschwitzen, die Pilze zugeben und gut durchrösten bis sich am Topfboden eine leichte Bräunung anlegt. Mit Weißwein ablöschen und einreduzieren. Mit Wasser (oder Pilzfond) bedecken, Obers zugießen und $^1/_2$ Stunde leicht köcheln lassen. In einem Mixer pürieren und durch ein Sieb passieren. Mit Salz und Pfeffer abschmecken. Dann mit einem Pürierstab kalte Butterwürfel einmixen.
Wolfsbarschfilets auf heißen Tellern mit den Artischocken, dem Ochsenmark und der Pilzcreme anrichten.

WEIN 2002 SAUVIGNON BLANC ZIEREGG, TEMENT, BERGHAUSEN
Duft nach reifen Stachelbeeren, süßem Mais und exotischen Früchten, dicht, mineralisch und würzige Holznoten

YZ

Yquem
Legendärer Süßwein aus dem gleichnamigen Château in Sauternes mit hoher Lagerfähigkeit. In den besten Jahrgängen der wohl teuerste Wein der Welt. Wer noch nie einen Yquem zur Gänseleber probiert hat, weiß, was zu seinen zehn Dingen gehört, die unbedingt noch in diesem Leben angestrebt werden müssen. Eine gute Gelegenheit, diese Rarität einmal in kleinen Mengen zu verkosten: Bei Hanner gibt es Yquem hin und wieder glasweise im Angebot.

Ysop
Leicht bitteres Küchenkraut, das ein bisschen an Minze, Rosmarin und Salbei erinnert. Passt in Suppen, Fleisch- und Fischgerichte, veredelt Salate und kontrastiert Süßspeisen. Wird auch für Liköre eingesetzt und verleiht Honig eine angenehme Geschmacksnote.

Yuzu
ist eine in Europa recht selten erhältliche asiatische Zitrusfrucht, die vor allem in Japan wächst. Sie ist eher klein, wirkt optisch wie eine Kreuzung aus Grapefruit und Zitrone und hat viele Kerne. Die Schale kann gelb oder grün sein. Yuzu hat keinen so hohen säurigen Zitrusanteil wie herkömmliche Zitronen, sie ist geschmacklich aber eine erfrischend wirkende Mischung aus Grapefruit und einem Hauch Mandarine.

Zander
Der hechtähnliche Räuber ist einer der wertvollsten europäischen Süßwasserfische. Er wiegt zwischen einem und drei Kilogramm, wird siebzig Zentimeter lang und hat ein weißes, saftiges Fleisch. Ursprünglich lebte er in kühlen Flüssen und Seen Südschwedens, Ost- und Mitteleuropas. Heute wird der Zander, oft neben Karpfen, als Nutzfisch in Teichen gehalten. Am besten sind natürlich wild gefangene Zander, die aber immer rarer werden. Man sollte möglichst große Fische ab 4 bis 8 kg kaufen. Erstens schmeckt das Fleisch wesentlich saftiger und bleibt es auch bei längerem Garen. Und zweitens sind bei größeren Exemplaren die Gräten wesentlich einfacher zu entdecken und zu entfernen.

Zander im Frühlingsrollenteig, S. 178

Zierer, Harald
Winzer
Unsere erste Begegnung mit dem Weingut Zierer liegt schon einige Jahrzehnte zurück: In einem schmalen Heftchen der Innsbrucker St.-Urban-Kellerei der Familie Gottardi, die damals als erste in Österreich begann, einen Edelwein-Versandhandel aufzuziehen, gab es schon Gumpoldskirchner von Zierer. Das war zu Zeiten, da der Gumpoldskirchner als meistgefälschter heimischer Wein in eine schwere Krise schlitterte. Das ist längst Vergangenheit, und zu danken ist es Menschen wie Harald Zierer sen., der damals unbeirrt auf Qualität gesetzt hat. Der Familienweinbau in Gumpoldskirchen ist seit 1790 nachweisbar und wurzelt in der Badener Straße 6. Dort gibt es heute noch einen alten Weinkeller, der bis in die späten 1960er Jahre als Heuriger genutzt wurde. 1968 wurde der Neubau in

der Badener Straße 36 in Betrieb genommen. Die heutige Betriebsgröße von ca. 8,5 ha Weingärten wurde durch stete Zukäufe von besten Lagen erreicht. Die leichte und fruchtige Abteilung im Sortiment von Harald Zierer wird von Welschriesling, Chardonnay, Riesling, Weißburgunder, Zierfandler und Rotgipfler besetzt. Die letzten beiden und Chardonnay gibt's auch in kräftiger Ausbauart mit Holz. Zweigelt, Pinot Noir sowie edelsüße Hochprädikate runden das Sortiment ab. *Badener Straße 36, 2352 Gumpoldskirchen, Tel.: 02252/621 69, www.weingut-zierer.at*

Zierfandler

Neben dem Rotgipfler das andere Südbahnkleinod, manchmal mit einem deutlichen Süßholz-Lakritze-Spiel auftretend.

Zigarren

Was verbindet Winston Churchill und J. F. Kennedy mit Arnold Schwarzenegger und Jack Nicholson? Sie alle lieb(t)en den Appeal würziger Rauchschwaden aus noblen Zigarren. Immer mehr Feinschmecker tun es ihnen gleich und krönen den kulinarischen Genuss mit der besten aller Rauchwaren. Grundsätzlich gilt, dass – ungeachtet der Länge – dicke Zigarren zumeist ein volleres, milderes Aroma haben und gleichmäßiger brennen als dünne Formate. Diese besitzen geschmacksdominante Einlagen, werden leicht heiß und schmecken dann eventuell scharf. Der Durchmesser und die Länge einer Zigarre wirken sich auf die Geschwindigkeit eines Zuges aus. Ein großer Durchmesser ergibt einen langen Zug und einen entsprechend kühlen Rauch. Das ist auch der Grund, warum besonders lange Zigarren ihr volles Aroma erst nach der Hälfte entfalten.

Entscheidend für die Qualität der Zigarren ist ihre richtige Lagerung. Sie reagieren äußerst sensibel auf klimatische und olfaktorische Einflüsse. Daher ist der einzige und beste Aufenthaltsort für die edle Rauchware ein Humidor. Bei Hanner gibt es ein eigenes Zigarrenrestaurant mit integriertem Humidor, in dem 50 Zigarren (z. B. Davidoff, Cohiba und Romeo y Julieta) bei richtiger Temperatur und Luftfeuchtigkeit aufbewahrt werden. Auf diese Art sind die Zigarrenraucher unter sich und können Essen, Wein und Rauchwaren ungestört genießen.

Zigarrenpapst

Zino Davidoff verstand es zu genießen. Seiner Lebensphilosophie „Essen Sie weniger, aber nur das Beste, trinken Sie weniger, aber nur das Beste, rauchen Sie weniger, aber nur das Beste" entsprechend entwickelte er Zigarren, die durch ihre außergewöhnliche Qualität und ihr einzigartiges Herstellungsverfahren Menschen rund um den Globus miteinander verbinden. ▸

Z ZIGARREN

▸ Die Kunst des Genusses will gelernt sein. Die wichtigsten Regeln, um das Leben in allen seinen Facetten auszukosten, lauten, sich Zeit nehmen, den Augenblick bewusst wahrnehmen und den besonderen Anlass dementsprechend zelebrieren. Und wie kann man besser genießen als bei einem exklusiven Restaurantbesuch. Doch nur die richtigen Zutaten machen den Reiz aus. Ein Dialog aus stimmigem Ambiente, Kochkünstlern, die aus den besten Produkten einzigartige Gerichte zaubern, eine exquisite Flasche Wein und nicht zu vergessen, eine hochwertige Zigarre, die den gelungenen Abend auf einzigartige Weise abrundet. Die Weltmarke Davidoff steht für Authentizität, für Glaubwürdigkeit und für Freude am Genuss. Das Wissen um Tradition verbunden mit Innovation und Sinn für das Beste vom Besten sind der Schlüssel für den Erfolg. Eine Davidoff Zigarre ist wie ein edler Wein. Schon die Kultivierung der Tabakpflanze spielt für die Qualität eine ausschlaggebende Rolle. Die hohe Kunst der hochwertigen Tabakmischungen garantiert Aroma, Geschmack und Brennablauf in konstanter Davidoff-Güte. Davidoff Zigarren bestehen selbstverständlich aus hundert Prozent reinem Tabak und werden von den erfahrensten und besten Zigarrenrollern von Hand hergestellt. Davidoff bietet für jeden Anlass die richtige Zigarre. Und der Kenner wählt aufgrund seiner persönlichen Vorliebe, des Anlasses und der zur Verfügung stehenden Zeit. Die Zigarre ist die Erweiterung eines opulenten Mittagessens, die Krönung eines fürstlichen Dinners oder der Höhepunkt eines außergewöhnlichen Abends. Vergleichbar mit Wein, wird auch bei Zigarren auf die passende Lagerung und Vorbereitung Wert gelegt. Ein Humidor gewährleistet den Wechsel von Luftfeuchtigkeit und Temperatur, schützt vor Licht und ungewünschten Gerüchen. Der richtige Cut bestimmt die Feinheit und Intensität des Zigarrenaromas und auch das Entzünden der Zigarre mit einer kurzen Flamme will gelernt sein. Die Kunst, eine Davidoff Zigarre zu genießen, ist Lebenskunst und Lebensstil zugleich.

Zitronengras

Passt besonders gut zu Geflügel, Fisch und Meeresfrüchten. Der zitronenartige Geschmack des Grases stammt von dem in den Zellen der Pflanze enthaltenen ätherischen Öl Citral. Die richtige Dosierung von Zitronengras ist Erfahrungssache. Man kann ganze Halme mitgaren oder auch die Halme klein hacken. Dann schmeckt das Zitronengras natürlich wesentlich intensiver, weil die Ölzellen aufbrechen und das Aroma frei wird. Wenn man Zitronengras klein schneidet, sollte man dafür nur den weißen, kaum fasrigen Halmabschnitt verwenden.

Zitronenmelisse

Ist mit der Minze verwandt. Das frische Zitronenaroma lässt sich sehr universell bei Desserts einsetzen, verliert auch bei Erhitzen nicht die Aromatik. Das Raffinierte an der Zitronenmelisse: Sie besitzt Zitronenaroma, hat aber trotzdem keine Säure.

Z ZANDER

Zander vom Mondsee
im Frühlingsrollenteig mit Zitronengras und Essiggemüse

4 Zanderfilets ohne Haut (à 120 g)
Zitronensaft
4 kleine Gänselebermedaillons (à 20 g)
4 große Blätter Frühlingsrollenteig
1 Eiklar
Sesamöl zum Braten
Salz, Pfeffer

FÜR DEN ZITRONENGRASFOND
2 EL Sesamöl
4 Halme Zitronengras, klein geschnitten
1 Knoblauchzehe, gehackt
1 rote und 1 grüne Chilischote, klein geschnitten
$^1/_4$ l Fischfond (oder Gemüsesuppe)
1 Stück Ingwer, geschält und fein geschnitten

FÜR DAS ESSIGGEMÜSE
2 Karotten
2 Schalotten
2 Knoblauchzehen
$^1/_2$ Sellerieknolle
1 EL Sesamöl
$^1/_{16}$ l Balsamico
1 Lorbeerblatt
etwas frisch gehackter Koriander
Salz, Pfeffer aus der Mühle

Ja, die großen Fische sind das Lieblingsthema bei Hanner. Wir lieben diese großen Räuber besonders wegen ihres festen Fleisches und klaren Geschmacks, vor allem die Wildfänge aus den Salzkammergutseen!

Die Zanderfilets mit Salz, Pfeffer und Zitronensaft würzen und in 5 cm große Stücke schneiden. Je ein Stück gesalzene und gepfefferte Gänseleber zwischen zwei Zanderstücke legen und auf ein Frühlingsrollenteigblatt setzen. Die Teigränder mit Eiklar bepinseln und über dem Zander zu einem Packerl einschlagen. In der Pfanne Sesamöl erhitzen und die Päckchen auf beiden Seiten darin knusprig braten.
Für den Zitronengrasfond in einer Kasserolle Sesamöl erhitzen, Zitronengras, Knoblauch und Chili darin anbraten. Mit Fischfond oder Gemüsesuppe ablöschen und Ingwer zugeben. Alles auf die Hälfte einreduzieren und dann durch ein feines Sieb abseihen.
Für das Essiggemüse Karotten, Schalotten, Knoblauch und Sellerie schälen und fein schneiden. In einer Kasserolle Sesamöl erhitzen und das Gemüse darin anschwitzen. Mit Balsamico und $^1/_4$ l Wasser aufgießen, Lorbeerblatt einlegen und alles weich kochen. Zum Schluss mit Salz, Pfeffer und Koriander abschmecken.
Zanderpäckchen einmal durchschneiden und auf dem Essiggemüse mit dem Zitronengrasfond anrichten.

WEIN 2004 ROTGIPFLER FLAMMING, AUMANN, TRIBUSWINKEL
Exotische Fruchtnuancen, in der Nase zart nach reifer Birne und Honig duftend, am Gaumen sehr elegant, füllig und kraftvoll

Z ZIEGE

Ziegencamembert mit Trüffel
gefüllt und karamellisiert, mit Birnen-Essigsauce

Kaufen Sie mittelreifen Ziegencamembert oder noch besser einen frischen Picandou und kreieren Sie dann selbst nach Geschmack und Fantasie Ihren eigenen Käse mit wenigen Handgriffen. Das geht leichter als man glaubt!

50 g schwarze Trüffel
1 Ziegencamembert (à 250 g)
2 EL Olivenöl
1 EL Arganöl
1 Birne, würfelig geschnitten
2 EL Zucker
Spritzer Apfelessig
2 cl Cognac
4 cl Portwein
4 cl Madeira
evtl. 1 EL Maisstärke

Trüffel unter fließendem Wasser waschen und bürsten. Anschließend schälen und in dünne Scheiben hobeln. Die Schalen für die Sauce beiseite stellen.
Den Ziegencamembert horizontal halbieren und mit den Trüffelscheiben füllen. Mit Olivenöl beträufeln und in Klarsichtfolie gewickelt einen Tag marinieren lassen.
Für die Sauce die Trüffelschalen klein schneiden und mit den Birnenwürfeln in Arganöl anschwitzen. Mit 1 EL Zucker karamellisieren, mit Apfelessig ablöschen und mit Cognac flambieren. Portwein und Madeira zugießen und auf die Hälfte einkochen lassen. Eventuell mit etwas mit Wasser angerührter Maisstärke binden.
Den marinierten Käse aus der Folie wickeln und das Öl abtupfen. Mit 1 EL Zucker bestreuen und mit der Lötlampe flämmen.
Geflämmten Trüffelkäse mit der Trüffel-Birnen-Essigsauce servieren.

WEIN 1998 SÉMILLON STROHWEIN, MANFRED KRANKL, KALIFORNIEN
Süß und cremig, reife Birnennoten mit Honig und Karamell

Zitronenbaiser
mit süßen Pfeffer-Paradeisern

Wer will schon Paradeiser zum Dessert, hör ich Sie jetzt sagen! Versuchen Sie es doch einmal. Es schmeckt exotisch neu und ist perfekt im Geschmack. Kleiner Tipp: Nur die besten Paradeiser führen zum richtigen Geschmackserlebnis.

FÜR DAS ZITRONENBAISER
2 Eiklar
Salz
80 g Staubzucker
Saft von 1 Zitrone

FÜR DIE PARADEISER
40 Kirschparadeiser
250 g Zucker
1 Zimtstange
3 Gewürznelken

FÜR DIE PFEFFERSAUCE
1 EL rosa Pfefferkörner
2 EL Zucker
Mark von 1 Vanilleschote
1 kleine Ingwerknolle
Saft von 2 Orangen
200 g Erdbeeren (frisch oder gefroren)
1 EL geschlagenes Obers

Vanillesorbet oder Vanilleeis (siehe S. 24)

Für das Zitronenbaiser Eiklar mit Salz und Staubzucker cremig schlagen, zum Schluss Zitronensaft einrühren. Die Eischneemasse mit Hilfe einer runden Schablone oder mit dem Dressiersack auf ein Backblech streichen und im Rohr bei 60 °C ca. 3 Stunden trocknen.
Paradeiser blanchieren und schälen. 1/4 l Wasser mit Zucker aufkochen und diesen Läuterzucker mit Zimtstange und Nelken würzen. Dann die Paradeiser damit kandieren.
Für die Pfeffersauce rosa Pfeffer anrösten. Zucker, Vanillemark und geschnittenen Ingwer zugeben und karamellisieren. Mit Orangensaft ablöschen und mit den klein geschnittenen Erdbeeren pürieren. Dann Schlagobers einmischen.
In der Mitte der Teller je zehn Paradeiser mit der Pfeffersauce anrichten, jeweils eine Baiserscheibe darauf legen. Mit Vanillesorbet oder Vanilleeis servieren.

WEIN 2003 ZIERFANDLER BEERENAUSLESE WEINGUT BIEGLER, GUMPOLDSKIRCHEN
Er unterstreicht durch frische und cremige Fruchtaromen das herausfordernde Duo Zitrone-Paradeiser.

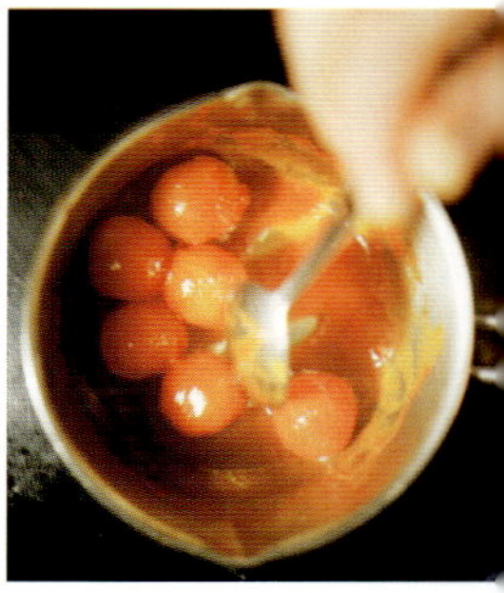

Z ZOTTELKRAPFEN

Zottelkrapfen
mit flambierten Preiselbeeren

Das Rezept von Hanners Mutter, die es bereits seit ihrer Jugend verwendet. Die flambierten Preiselbeeren sind der Input des Sohnes.

FÜR DIE KRAPFEN
$1/4$ ml lauwarme Milch
20 g Germ
30 g Zucker
300 g Mehl
3 Eidotter
geriebene Zitronenschale
Prise Salz
60 g lauwarme, flüssige Butter
1 EL Rum
Butterschmalz zum Backen

FÜR DIE PREISELBEEREN
2 EL Zucker
$1/16$ l Orangensaft
100 g Preiselbeeren (oder Cranberries)
Saft von $1/2$ Zitrone
2 cl Rum zum Flambieren

ZUM SERVIEREN
etwas Schlagobers
Staubzucker mit Vanillezucker vermischt
einige Zweige Minze

Für die Zottelkrapfen aus etwas lauwarmer Milch, Germ, einer Prise Zucker und etwa 1 EL Mehl ein Dampfl ansetzen und einige Zeit aufgehen lassen. So lange warten, bis sich die Masse verdoppelt hat und sich an der Oberfläche deutliche Risse zeigen.
Dampfl mit Eidotter, restlichem Zucker, geriebener Zitronenschale, der restlichen Milch, Salz, der lauwarmen flüssigen Butter und Rum zu einem seidig glänzenden Teig verarbeiten. Den Teig 20–30 Minuten lang an einem warmen Ort rasten lassen.
Den Teig auf einem bemehlten Tuch ca. 1 mm dick ausrollen. Mit einem Krapfenausstecher ca. 10 cm große Stücke ausstechen und nochmals zehn Minuten lang rasten lassen. Die Ränder mit einem Teigrad 2 cm tief einschneiden, in die Mitte kurz vor dem Backen mit der Hand eine kleine Vertiefung drücken und in Butterschmalz bei mittlerer Hitze ausbacken.
Für die flambierten Preiselbeeren Zucker karamellisieren und mit Orangensaft ablöschen. Die Preiselbeeren und den Zitronensaft zugeben und kurz köcheln lassen. Dann mit Rum ablöschen und flambieren.
Die Krapfen in der Mitte mit Preiselbeeren belegen und mit Schlagobers verzieren. Mit Staubzucker-Vanillezuckermischung bestreuen und mit Minze garnieren.

WEIN 2002 BEERENAUSLESE ROTGIPFLER, ALPHART, TRAISKIRCHEN
Vielschichtige Frucht, cremig und sehr harmonisch

Z ZUCCHINI

Zucchinicreme
mit Parmesanschaum

1993 kreiert und seitdem als einziges Gericht immer wieder auf der Hanner-Karte. Was ist das Besondere daran, werden Sie jetzt fragen? Statt Obers nur cremig püriertes Gemüse, statt mit Butter mit einem gekochten Erdapfel gebunden, und den kleinen Kick bringt der luftige Parmesanschaum!

1 Zwiebel
3 Zucchini
1 EL Olivenöl
1/16 l Weißwein
1 1/4 l Rindsuppe
1 mehliger Erdapfel, gekocht, geschält und zerdrückt
100 g Parmesan
2 Eidotter
Pfeffer aus der Mühle

Zwiebel schälen und fein schneiden, Zucchini waschen und in Würfel schneiden. In einem Topf Olivenöl erhitzen und Zwiebel darin anschwitzen. Zucchini zugeben, kurz mitbraten und mit Weißwein ablöschen.
Mit 1 l Rindsuppe aufgießen und den zerdrückten Erdapfel einmischen. Einmal kräftig aufkochen lassen und anschließend pürieren.
Den Parmesan fein reiben. Die restliche Rindsuppe aufkochen, Parmesan zugeben und zehn Minuten ziehen lassen. Durch ein Sieb seihen, die Eidotter einmischen und über Dampf schaumig schlagen.
Zucchinicreme in Kaffeegläsern anrichten, mit dem Parmesanschaum garnieren und mit Pfeffer aus der Mühle vollenden.

WEIN 2005 GRÜNER VELTLINER ZISTL,
KARL ALPHART, TRAISKIRCHEN
Einer der seltenen Top-Veltliner
der Thermenregion

Zweierlei vom Atterochsen

Schon wieder der Atterochs! Ja, Hanners Freund Carlo Wolf, als Initiator von LandArt, schafft es immer wieder, die Köche mit seltenen Produkten zu begeistern! Einzigartige Fleischqualität und die Kombination aus kurz rosa Gebratenem und bereits selten gewordenem Geschmortem bestimmen dieses volle Geschmackserlebnis!

400 g Brustkern oder anderen Teil vom Atterochsen zum Schmoren
1 KL Dijonsenf
7 EL Olivenöl
110 g Butter
100 g Wurzelgemüse, kleinwürfelig geschnitten
2 EL Tomatenmark
$^1/_2$ l Pinot Noir
1 Zwiebel
$^1/_4$ l Rotwein
$^1/_{16}$ l Portwein
200 g Entrecôte vom Atterochsen
je 2 violette, rote und gelbe Erdäpfel
1 abgerebelter Thymianzweig
Salz, Pfeffer

Brustkern mit Senf einreiben, mit Salz und Pfeffer würzen. In einem Bräter mit 5 EL Olivenöl und 20 g Butter rundherum anbraten und wieder herausheben. Das Wurzelgemüse im Bratrückstand kurz anrösten und Tomatenmark einmischen. Das Fleisch wieder in den Bräter geben und mit einem Schuss Pinot Noir ablöschen. Zwei Stunden lang im Backrohr bei 150 °C weich schmoren lassen und dabei öfters mit Pinot Noir begießen. Nach dem Schmoren Fleisch aus dem Bräter heben und die Bratensauce durch ein feines Sieb abseihen.
Zwiebel schälen und fein schneiden. In einem Topf Rotwein und Portwein auf die Hälfte einkochen lassen. Dann abseihen und mit der Bratensauce vermischen. Kurz vor dem Servieren noch mit 20 g kalter Butter montieren.
Das Entrecôte vom Atterochsen salzen und pfeffern. In einer Pfanne 20 g Butter mit 2 EL Olivenöl erhitzen und das Fleisch darin scharf anbraten. Dann im Backrohr bei 150 °C ca. 7 Minuten lang braten. Herausnehmen und 15 Minuten lang rasten lassen.
Für das Erdäpfelragout alle Erdäpfel schälen und in kleine Würfel schneiden. Die Erdäpfelwürfel in einem Topf mit Wasser bedecken und 50 g Butter einmischen. Erdäpfel weich kochen, so dass das Wasser am Ende zur Gänze verdunstet ist. Mit Salz, Pfeffer und Thymian würzen.
Beide Fleischstücke vom Atterochsen in Scheiben schneiden und auf Tellern anrichten. Mit der Sauce umgießen und mit dem Erdäpfelragout servieren.

WEIN 2003 GRADENTHAL, FISCHER, SOOSS
Saftige Kirsch- und Beerenaromatik, kraftvoll und elegant zugleich, seidige Tannine, lang

Restaurant Hanner
Heinz-Hanner-Platz 1
2534 Mayerling
Tel.: 02258/23 78
www.hanner.cc